RESPUESTAS *de* DIOS
a las DIFICULTADES
de LA VIDA

Libros por Rick Warren

El plan Daniel
Una iglesia con propósito
Una vida con propósito
Métodos de estudio bíblico personal
¿Para qué estoy aquí en la tierra?
Celebremos la recuperación
El poder de Dios para transformar su vida

RICK WARREN

RESPUESTAS *de* DIOS
a las DIFICULTADES
de LA VIDA

NEW PORT RICHEY PUBLIC LIBRARY

La misión de Editorial Vida es ser la compañía líder en satisfacer las necesidades de las personas con recursos cuyo contenido glorifique al Señor Jesucristo y promueva principios bíblicos.

RESPUESTAS DE DIOS A LAS DIFICULTADES DE LA VIDA
Edición en español publicada por
Editorial Vida – 2002, 2018
Nashville, Tennessee
Publicado anteriormente como *Respuestas a las dificultades de la vida*

© **2002, 2018 Editorial Vida**
Este título también está disponible en formato electrónico.

Originally published in the U.S.A. under the title:
God´s Answers to Life´s Difficult Questions
Copyright © 1999, 2006 por Rick Warren
Previously titled *Answers to Life´s Most Difficult Questions*
Published by permission of Zondervan, Grand Rapids, Michigan 49530.
All rights reserved.
Further reproduction or distribution is prohibited.

Editora en Jefe: *Graciela Lelli*
Adaptación del diseño al español: *Mauricio Diaz*

A menos que se indique lo contrario, todas las citas bíblicas han sido tomadas de La Santa Biblia, Nueva Versión Internacional® NVI® © 1999 por Biblica, Inc.® Usada con permiso. Reservados todos los derechos en todo el mundo.

Todos los derechos reservados. Ninguna porción de este libro podrá ser reproducida, almacenada en ningún sistema de recuperación, o transmitida en cualquier forma o por cualquier medio —mecánicos, fotocopias, grabación u otro—, excepto por citas breves en revistas impresas, sin la autorización previa por escrito de la editorial.

Los enlaces de la Internet (sitios web, blog, etc.) y números de teléfono en este libro se ofrecen solo como un recurso. De ninguna manera representan ni implican aprobación o apoyo de parte de Editorial Vida, ni responde la editorial por el contenido de estos sitios web ni números durante la vida de este libro.

ISBN: 978-1-4185-9899-0

CATEGORÍA: RELIGIÓN / Vida cristiana / Crecimiento espiritual

IMPRESO EN ESTADOS UNIDOS DE AMÉRICA
PRINTED IN THE UNITED STATES OF AMERICA

18 19 20 21 22 LSC 9 8 7 6 5 4 3 2 1

Dedico este libro a mi rebaño, los miembros de
Saddleback Valley Community Church.
Gente cuya insaciable hambre de poner en práctica
las enseñanzas de la Palabra de Dios,
les hace oír atentamente y buscar
las oportunidades para aplicarlas a sus vidas.
Agradezco el privilegio de ser su pastor.

CONTENIDO

PREFACIO

Muchos libros, actualmente, tratan el tema de la autosuperación. Todos desean hacer cambios positivos en sus vidas. Los estadounidenses gastan millones de dólares cada año buscando soluciones a sus problemas. Algunos cambian de una moda a otra, buscando consejo para vivir, así como respuestas a interrogantes tremendas.

Desdichadamente, la gran cantidad de consejos que se aportan, en estos días, a través de la televisión, radio e imprenta son poco confiables. Se basan en la opinión popular y la sabiduría convencional. La psicología popular de nuestro día será descartada el próximo año a favor de alguna nueva estrategia o terapia.

Jesús dijo: Conocerán la verdad y la verdad los hará libres. La libertad perdurable de los reveses de la vida viene como resultado de edificar sobre la verdad. Solo podemos depender de la Biblia para obtener observaciones sinceras que aporten soluciones a nuestros problemas personales. La Palabra de Dios superó la prueba del tiempo. Es tan relevante y aplicable hoy como lo fue hace dos mil años. En ella se encuentran las respuestas a las preguntas más difíciles de la vida.

Sin embargo, no basta con simplemente decir «la Biblia es la respuesta». Es importante que los cristianos demuestren *cómo* contesta ella las preguntas de la vida. En este libro procuro identificar algunos pasos prácticos y medidas específicas, basadas en la Palabra de Dios, que le ayudaran a lidiar con los problemas cotidianos que todos enfrentamos. D.L. Moody una vez declaró: «La Biblia no nos fue dada para aumentar nuestro conocimiento, sino para transformar nuestras vidas».

Cuando Jesús enseñaba, su intención era que los que lo escuchasen *hicieran como les fue enseñado*. En cada uno de estos estudios descubrirá maneras sencillas de aplicar la verdad de Dios a su vida personal, su familia y su trabajo. La manera de sacarle máximo provecho a este libro es poniéndolo por obra.

¿Por qué se encuentran tantos relatos biográficos en la Biblia? El apóstol Pablo dijo: «Todo lo que se escribió en el pasado se escribió para enseñarnos, a

fin de que, alentados por las Escrituras, persevere-
mos en mantener la esperanza». Dios nos ha dado
estos ejemplos de las vidas de estas personas por
dos razones.

Primeramente, nos fueron dados para enseñarnos. Siempre es sabio aprender de nuestras propias
experiencias, pero lo es más aprender de las de otros.
¡Es, a menudo, menos doloroso también! Con aplicar los principios ilustrados en las vidas de los personajes de la Biblia, podemos evitar nos cometer
algunos de los mismos graves errores que esas personas hicieron.

Por otra parte, Dios nos ha dado estas narracio-
nes para animarnos. Nos es de mucho ánimo el hecho de que Dios use personas comunes y corrientes
para llevar a cabo sus planes, a pesar de sus debilidades, sus fracasos y aun sus intenciones ambivalentes.
Eso nos da la esperanza de que Dios pueda operar
en nuestras vidas también.

Es mi oración que el estudio de estos personajes
bíblicos dé como fruto dos resultados en su vida: que
aprenda los principios de Dios para vivir victorioso,
y que crea que Dios le puede usar de una manera
significativa.

CAPÍTULO 1

¿Cómo lidio con el estrés?

Jesucristo constantemente estuvo bajo presión. Sufrió presiones de tiempo; rara vez gozó de privacidad; siempre lo interrumpían; las personas, en repetidas ocasiones, lo malinterpretaron, lo criticaron y lo ridiculizaron. Experimentó tal clase de estrés que hubiera hecho claudicar a cualquiera de nosotros.

No obstante, al considerar la vida de Cristo, rápidamente descubrimos que permaneció en paz aun bajo presión. Nunca estuvo en apuros. Siempre estaba calmado. Poseía una tranquilidad en su vida que le permitía lidiar con el exceso de estrés. ¿Cómo logró hacer esto con tanto éxito? Él fundamentó su vida sobre las bases firmes del manejo del estrés.

Si lográramos entender y aplicar estos principios a nuestras vidas, podríamos experimentar menos estrés y más tranquilidad emocional.

IDENTIFÍQUESE: SEPA QUIÉN ES

Jesús declaró: «Yo soy la luz del mundo. El que me sigue no andará en tinieblas, sino que tendrá la luz de la vida» (Juan 8.12); «Yo soy la puerta» (10.9); «Yo soy el camino, la verdad, y la vida» (14.6); «Yo soy el buen pastor» (10.11); «Yo soy el Hijo de Dios» (10.36). ¡Cristo sabía quién era!

El primer principio para controlar el estrés en su vida es éste: *Sepa quién es*. Este es el principio de la identidad. Jesús dijo: «Yo sé quien soy. Yo mismo me testifico». Esto es de suma importancia en el manejo del estrés porque si usted no sabe quién es, otro tal vez se lo dirá, desde su propia perspectiva. Si usted ignora su identidad, permitirá que otros le manipulen y presionen para que sea alguien que no es.

Mucho del estrés que experimentamos en la vida viene como resultado de portar una careta, de no ser genuinos con los demás, de vivir una vida doble o de aparentar ser alguien que en verdad no somos. La inseguridad siempre ocasiona presión en nuestras vidas, y cuando estamos inseguros nos sentimos obligados a actuar y a adaptarnos. Establecemos estándares irreales para nuestras vidas y a pesar de que luchemos, luchemos y luchemos, nos quedamos cortos. Naturalmente, la tensión y la presión son el resultado.

La primera manera de controlar el estrés en mi vida es adquirir un equilibrio interno en cuanto a lo que soy. Y sé quién soy cuando sé a quién pertenezco. Soy hijo de Dios. No fui puesto en la tierra por accidente, sino con un propósito. Dios me ama profundamente. Soy acepto ante Dios. Él tiene un plan para mi vida, y debido a que me creó, soy de mucho valor.

Y como él lo puso aquí, usted es significativo. Para poder lidiar con el estrés, necesita saber quién es usted. Y hasta que logre controlar este asunto, la inseguridad lo va a presionar.

DEDÍQUESE: SEPA A QUIÉN
TRATA DE AGRADAR

El segundo principio del manejo del estrés en la vida de Cristo se halla en Juan 5.30. «Yo no puedo hacer nada por mi propia cuenta; juzgo solo según lo que oigo, y mi juicio es justo, pues no busco hacer mi propia voluntad sino cumplir la voluntad del que me envió».

Este es el principio: *Sepa a quién trata de agradar*. Usted entiende que no puede agradar a todo el mundo, porque en tanto lo logre con un grupo, otro se disgustará con usted. ¡Ni aun Dios se dedica a agradar a todo el mundo, de modo que es vano procurar hacer algo que ni siquiera él hace!

Jesús sabía a quién intentaba agradar; para él eso era un asunto contundente: «Yo voy a agradar a Dios Padre». Y el Padre respondió: «Éste es mi hijo amado; estoy muy complacido con él» (Mateo 3.17).

Cuando uno no conoce a quién está tratando de agradar, se rinde ante tres cosas: la crítica (porque le afecta lo que otros piensen de su persona), la rivalidad (porque le preocupa que otro le lleve la delantera), y el conflicto (porque se siente amenazado cuando alguien discrepa de uno). Si busco primeramente el reino de Dios y su justicia, entonces todas las demás cosas necesarias de la vida me serán añadidas (Mateo 6.33). Esto significa que, si me dedico a agradar a Dios, eso simplificará mi vida.

Siempre haré lo correcto, aquello que agrade a Dios, a pesar de lo que piensen los demás.

Nos encanta atribuirles a otros, la causa de nuestro estrés: «Tú me *obligaste*...», «*Debo*...», «*Tengo que*...». En realidad, hay pocas cosas en la vida (sin mencionar el empleo) que tenemos que hacer. Cuando decimos: «Tengo que hacerlo», «Debo hacerlo», «Necesito hacerlo» realmente estamos diciendo «Escojo hacerlo porque no deseo pagar las consecuencias», difícilmente podrá alguien *obligarnos* a hacer algo, de manera que no podemos culpar a otro de nuestro estrés. Cuando nos encontramos bajo presión, decidimos *permitir* que otros nos presionen. No somos víctimas a menos que permitamos que las exigencias de los demás nos presionen.

ORGANÍCESE: SEPA LO QUE TRATA DE LOGRAR

Aquí tenemos el tercer principio de Jesucristo para lidiar con el estrés: «Aunque yo sea mi propio testigo mi testimonio [...] es válido, porque sé de dónde he venido y a dónde voy» (Juan 8.14). El principio es este: *Sepa lo que trata de lograr*. Cristo declaró: «Sé de dónde he venido y a dónde voy». A menos que planifique su vida, y fije prioridades, experimentará la presión de lo que otros consideren importante.

Todos los días usted vive de acuerdo con las prioridades o a las presiones. No hay otra opción. O decide lo que es importante para su vida o permitirá que otros se lo dicten. Usted establece las prioridades o vive con las presiones.

Es muy fácil actuar bajo la tiranía de la urgencia, llegar al final del día y reflexionar: «¿Habré logrado algo realmente? Gasté mucha energía e hice muchas cosas, pero ¿logré hacer algo importante?». Estar ocupado no necesariamente resulta productivo. Es posible encontrarse dando vueltas en el mismo lugar sin lograr nada.

La preparación le permite sentirse calmado. Dicho de otra manera, «prepararse le evita la presión mientras que la procrastinación le da lugar a la presión». Organizarse y prepararse adecuadamente le reduce el estrés porque usted está consciente de lo que es, a quién trata de agradar y qué es lo que desea lograr como meta. *Fijarse objetivos claros simplifica la vida en gran manera*. Dedique unos minutos para hablar con Dios diariamente. Consulte su agenda del día y decida: «¿Realmente querré ocupar un día de mi vida de esta manera? ¿Estaré dispuesto a cambiar estas veinticuatro horas de mi vida en pro de estas actividades?».

CONCÉNTRESE: ENFÓQUESE
EN UNA COSA A LA VEZ

Al menos unas cuantas personas procuraron desviar a Jesús de su plan. Trataron de distraerlo de su meta en la vida. Al amanecer el día, Jesús se dirigía a un lugar para estar solo. Aun allá, la gente lo buscaba y al encontrarlo «procuraban detenerlo para que no se fuera» (Lucas 4.42). Él intentaba irse, pero ellos trataban de hacerlo quedarse.

Así respondió Jesús: «Es preciso que anuncie también a los demás pueblos las buenas nuevas del reino de Dios, porque para esto fui enviado» (v. 43). Él no permitió que asuntos menos importantes lo distrajeran.

El cuarto principio para manejar el estrés es este: *Concéntrese en una sola cosa a la vez*. Este es el principio de la concentración. Jesús era prominente en esta área. Por lo visto, todos procuraban interrumpirlo; todos tenían un plan alterno para él. Pero les respondía: «Lo siento, necesito seguir avanzando hacia mi meta». Él persistió en hacer lo que sabía que su Padre le había encomendado: predicar acerca del reino de Dios. Y estaba decidido a lograrlo. Fue persistente. Concentró todos sus esfuerzos en ello.

Cuando tengo sobre mi escritorio treinta cosas que hacer, suelo despejarlo y concentrarme en una sola. Al terminarlo, tomo otra cosa en la cual trabajar. No se puede atrapar a dos conejillos a la vez. Hay que concentrarse en uno.

Cuando diluimos nuestros esfuerzos, resultamos ineficaces. Cuando nos concentramos, resultamos eficientes. La luz difusa produce una especie de fluorescencia borrosa, pero concentrada produce llama. Jesucristo no permitió que las interrupciones le impidieran concentrarse en su meta; no permitió que otros le causaran tensión, estrés o disgusto.

DELEGUE: NO LO HAGA
TODO USTED MISMO

Un día «subió Jesús a una montaña y llamó a los que quiso, los cuales se reunieron con él» (Marcos 3.13). Designó a doce hombres, a quienes había nombrado apóstoles, para que lo acompañaran y así enviarlos a predicar. En otras palabras, delegó su autoridad. En esto consiste el quinto principio del manejo del estrés: *No lo haga todo usted mismo.* Use el principio de delegar.

¿Sabe por qué nos ponemos tensos y nos afanamos? Porque creemos que todo depende de nosotros. Aquí estoy, Atlas, cargando con las inquietudes del mundo entero, todos sobre mis hombros. Si por desgracia las suelto, el mundo se desarmará. Pero cuando en verdad lo hago, ¡el mundo no se derrumba! Jesús reclutó y entrenó a doce discípulos para que lo ayudaran con la carga. Delegó su trabajo. Involucró a otras personas.

¿Por qué no delegar el trabajo? ¿Por qué no involucrar a otros? ¿Por qué tratamos de hacerlo todo nosotros solos? Hay dos razones. La primera es el *perfeccionismo.* Pues razonamos: «Si deseo que salga bien hecho el trabajo, tendré que hacerlo yo mismo». Es una idea preciosa, pero casi nunca resulta porque sencillamente hay demasiadas cosas por hacer. Simplemente no tenemos tiempo para hacerlo todo. Es una actitud verdaderamente egoísta la que dice: «Nadie, pero nadie, puede hacer esto como yo».

¿Cree usted que Jesús hubiera hecho un trabajo mejor que aquellos discípulos? Por supuesto que sí.

No obstante, les permitió hacerlo a pesar de que él lo habría hecho mejor. Necesitamos dejar que otros cometan algunos de esos errores. ¡No les robe la oportunidad de aprender!

La otra razón por que rehusamos delegar es la *inseguridad* personal. *¿Qué hago si le entrego la responsabilidad a otra persona y termina haciéndolo mejor que yo?* Ese pensamiento es una amenaza. Sin embargo, uno no puede sentirse amenazado por esa posibilidad si sabe quién es, a quién está tratando de agradar, lo que quiere lograr y aquello en lo que se desea concentrar. Para ser eficiente, *hay* que involucrar a otros, porque uno no puede concentrarse en más de una cosa a la vez para hacerlo bien.

Medite: haga de la oración personal un hábito

Jesús se levantaba «muy de madrugada, cuando todavía estaba oscuro [...] y se fue a un lugar solitario» para orar (Marcos 1.35). El sexto principio del manejo del estrés es *hacer de la oración personal un hábito*. Este es el principio de la meditación. *La oración es un gran mitigador del estrés*. Es una herramienta dada por Dios para dejar salir sus ansiedades.

No importa lo atareado que se encontrara Jesús, para él era costumbre pasar tiempo a solas con Dios. Si Jesús apartaba tiempo para la oración cuando se encontraba ocupado, ¡cuánto más será necesario orar para usted y para mí! Un momento apacible, a solas con Dios, nos sirve como una cámara de descompresión para el estrés cotidiano. Dialogamos con Dios en oración, le decimos lo que nos concierne y dejamos que nos hable al leer la Biblia. Luego, consultamos nuestros planes, evaluamos nuestras prioridades y esperamos instrucciones. (En mi libro *Métodos de estudio bíblico personal* hay una explicación detallada de cómo desarrollar y continuar el hábito del devocional diario con Dios).

Gran parte de nuestros problemas se origina en nuestra incapacidad para quedarnos quietos. Simplemente no sabemos cómo estar quietos. Casi nadie puede estar sentado en un vehículo, por más de cinco minutos, sin encender la radio.

¿Si usted entra a su casa y se da cuenta que está solo, qué es lo primero que hace? (Probablemente, encienda el televisor). El silencio nos incomoda. Pero Dios dice: «Quédense quietos, reconozcan que yo soy su Dios» (Salmos 46.10). Una razón por la que muchos no conocen a Dios de una manera personal es que no pueden estar quietos. Se encuentran demasiado ocupados para calmarse y reflexionar.

Alguien dijo: «Parece ser un hábito irónico del hombre que cuando pierde su rumbo, aumenta su velocidad al doble», tal como un piloto de la Fuerza Aérea durante la Segunda Guerra Mundial que volaba a lo largo del Océano Pacífico. Al comunicarse con la torre de control, le preguntaron: «¿Dónde estás?».

El piloto contestó: «¡No lo sé, pero estoy rompiendo récord!». Muchas personas son así: se encuentran atravesando la vida a alta velocidad y no saben hacia dónde se dirigen. Necesitamos empezar nuestras mañanas con oración, tal como lo hizo Jesús, y a lo largo del día hacer una pausa y orar de nuevo, para recargar nuestras baterías espirituales.

RECRÉESE: HAGA TIEMPO
PARA DISFRUTAR LA VIDA

En cierta ocasión, los doce hombres de Jesús se reunieron alrededor de él para informarle todo lo que habían hecho y enseñado. Como muchas personas llegaban y se iban, ni siquiera tuvieron oportunidad de comer. Así que Jesús les dijo: «Vengan conmigo ustedes solos a un lugar tranquilo y descansen un poco» (Marcos 6.31). El séptimo principio para lidiar con el estrés es *apartar un tiempo para disfrutar de la vida*. Ese es el principio de la relajación y la recreación. Jesús observó a estos hombres que laboraron duramente sin descanso y dijo: «Ustedes se merecen un descanso hoy. Vamos a descansar. Tomémonos un tiempo de reposo». Entonces entraron a su barca, remaron hasta el otro lado del lago, y fueron al desierto para descansar.

Una razón por la que Jesús podía lidiar con el estrés era porque sabía cuándo tomar un descanso. A menudo se dirigió a las montañas o al desierto solo para relajarse.

El descanso y la recreación no son opcionales en la vida. De hecho, el descanso es tan importante que Dios lo incluyó en los Diez Mandamientos. El sábado fue creado por causa del hombre, porque Dios sabe que nuestra contextura física, emocional y espiritual requiere descanso periódicamente. Jesús sobrevivió al estrés porque disfrutaba la vida. Uno de mis versículos preferidos, Mateo 11.19, en la versión parafraseada de Phillips, dice que Jesús vino «disfrutando de la vida». Pablo escribió que Dios ha provisto todo abundantemente para que lo disfrutemos (1 Timoteo 6.17). El equilibrio en la vida es clave para tratar el estrés.

Transfórmese: entréguele su estrés a Cristo

El octavo principio para lidiar con el estrés es uno al que Jesús no le hizo falta por cuanto es el Hijo de Dios, pero nosotros sí lo necesitamos por ser meramente seres humanos. Jesús dice: «Vengan a mí todos ustedes que están cansados y agobiados, y yo les daré descanso. Carguen con mi yugo y aprendan de mí, pues yo soy apacible y humilde de corazón, y encontrarán descanso para su alma. Porque mi yugo es suave y mi carga es liviana» (Mateo 11.28-30). De manera que el último principio para el manejo del estrés es este: *Entréguele su estrés a Cristo*. Jamás podrá disfrutar de completa paz mental a no ser que tenga una relación con el Príncipe de Paz.

Cristo *no* dijo: «¡Vengan a mí y yo les daré más culpabilidad, más cargas, más estrés y más preocupaciones!», aunque esto es lo que muchos, por lo visto, enseñan. Algunas iglesias tienden a crear presión en lugar de aliviarlo. No obstante, Jesús dijo: «Yo les quiero dar *descanso*. Yo soy el alivio para el estrés. Si entran en armonía conmigo, les daré fortaleza interior».

Cristo puede transformar su estilo de vida de uno estresado a otro satisfecho. La raíz principal del estrés proviene de procurar vivir nuestras vidas aparte de aquel que nos creó, de dirigirnos por nuestras propias sendas, y de ser nuestros propios dioses.

¿Qué necesita usted? Si nunca le ha entregado su corazón a Cristo, necesita una transformación. Dele su vida con todo su estrés a él y dígale: «Señor, dame una vida nueva. Reemplaza la presión que experimento con la paz que tú ofreces. Ayúdame a seguir tus principios para lidiar con el estrés».

DE LAS PALABRAS A LA ACCIÓN

1. ¿Qué dos o tres principios se destacan como los que más debe atacar ahora?
2. Identifique tres formas específicas de simplificar su vida esta semana.

Capítulo 2

¿Cómo me recupero del fracaso?

Un fracaso puede convertirse en un escalón hacia el éxito. Un incidente en la vida de Pedro (Lucas 5.1–11) ilustra esta maravillosa verdad. Él y sus amigos habían pasado la noche entera pescando sin lograr nada. Eso era inusual ya que Pedro era un pescador profesional. Definitivamente no era un novato. Con mucha probabilidad, poseía las mejores redes de pesca, un buen barco y sabía con precisión en qué lugar atrapar la mayor cantidad de peces. Pasó la noche entera trabajando por cuanto sus ingresos dependían de una buena pesca. Sin embargo, esta vez no tuvo éxito. A veces, aun a las superestrellas les falla el tiro.

El día siguiente, los discípulos estaban lavando sus redes en la orilla con mucho cansancio y desánimo. En aquel momento, pasó Jesús por aquel lugar y dijo: «Pedro, quisiera usar tu barca como plataforma para predicar». Así que Pedro le permitió entrar a su barca y se alejaron un poco de la orilla. Desde ahí Jesús podía hablar, desde la barca, a la multitud que se encontraba de pie en la orilla.

Una vez terminado su mensaje, Jesús les dijo a los discípulos: «Vamos a pescar. Lleva la barca a aguas más profundas», continuó diciendo, «y echen allí las redes para pescar».

Pedro, sin embargo, respondió: «Maestro, hemos estado trabajando duro toda la noche y no pescamos nada, pero como tú me lo mandas, echaré las redes». Cuando los discípulos obedecieron, recogieron una cantidad tan grande de peces que las redes se les rompían.

Cuando nuestro mejor
esfuerzo no basta

¿Qué nos enseña este relato acerca del fracaso? Jesús nunca hizo un milagro sin propósito. Siempre los empleó para ilustrar algún principio. Este incidente nos enseña qué hacer cuando nuestro mejor esfuerzo no basta.

De vez en cuando, usted pone lo mejor de sí pero no llega a la marca. Estudia con esmero para algún examen para solo sacar una calificación baja. Se esfuerza para mejorar su matrimonio, pero no ve ningún adelanto. La vida puede ser dura en ocasiones y muy tentador el querer claudicar. A uno le dan ganas de decir: «¿Qué saco con esto? Solo corro el riesgo de otro fracaso. ¿Habrá algo que realmente resulte?».

Lo interesante de esta historia es la comparación entre las dos pescas. Los discípulos habían trabajado toda la noche sin recoger nada, sin embargo, más tarde salieron diez minutos y recogieron más peces que nunca. Era el mismo lago, la misma barca, las mismas redes y las mismas personas pescando. Entonces ¿Qué fue lo que marcó la diferencia?

En realidad, hay tres diferencias entre las dos pescas y estas nos aportan principios a seguir cuando nuestros mejores esfuerzos terminan en el fracaso. Pienso que cualquier persona que aplique estos principios tendrá un éxito genuino en la vida. Dios tuvo la intención de que fueran fáciles de comprender, de manera que todos pudieran beneficiarse.

Pero primero deberá estar consciente de que Dios está interesado en su éxito; a él no le interesa su fracaso. Imagínese que mi hija Amy me dijera algún día: «Papi, soy un fracaso en la vida. Todo lo que mi mano toca se echa a perder. Mis problemas son insuperables. Nunca me salen bien las cosas. Soy un fracaso total y nunca cambiaré».

¿Acaso le respondería yo diciendo: «¡Me alegro mucho de que me lo hayas dicho! ¿Eso me hace sentir muy bien?». Por supuesto que no. Como padre, deseo que mis hijos sean victoriosos, que sean los mejores. De igual modo, su Padre celestial también desea que usted tenga éxito en la vida, tanto personal como familiar y en su crecimiento espiritual al igual que en todas sus relaciones.

APRÓPIESE DE LA PRESENCIA DE DIOS EN SU VIDA

El primer principio del éxito se halla en Lucas 5.3. Jesús estaba en la barca con los discípulos. ¡La presencia de Cristo hizo una diferencia inmensa! Esta vez, los discípulos no se encontraban pescando solos; Dios estaba con ellos. El primer principio para vivir exitosamente es este: *Aprópiese de la presencia de Dios en su vida*. En otras palabras, usted necesita traer a Jesús a su barca. Ese es el punto de partida. No hay otra cosa que pueda ejercer mayor influencia en su vida que la de vivir con o sin Cristo. Ahora, en la vida de Pedro, su barca representaba su fuente de ingresos. ¡Como pescador, esa barca es su negocio! Es significativo el hecho de que Pedro dispusiera su barca para que Cristo la usara. *Cristo empleó el negocio de Pedro como plataforma de su ministerio.*

¿Tendrá Dios acceso a su trabajo? ¿Estará su trabajo disponible para que él lo use en algún momento? ¿Podrá él ministrar a otros a través de su labor? Demasiadas veces procuramos separar lo secular de lo espiritual. De una manera muy cómoda, mantenemos nuestra vida cristiana separada de nuestra vida profesional. Sin embargo, esto impide que Dios bendiga su negocio o empleo. Dios bendecirá cualquier cosa que usted le dé. Si le da su vida, él le bendecirá en su totalidad. Pero si solo le da una porción de ella, él solo bendecirá lo que usted le permita.

Un amigo me contó que, como presidente de su corporación, él invita a Dios a todas sus reuniones de directiva. Me informa, además, que como resultado cometen menos errores y gozan de más tranquilidad mental con respecto a decisiones difíciles.

Hay algo que, al tener a Jesús en su barca, elimina el temor al fracaso y reduce sus preocupaciones con respecto a los resultados. Cuando Pedro hizo de Jesús su compañero de pesca, los resultados fueron increíbles: recogió más peces que lo que habría podido hacer solo. Bien, no pierda la secuencia. Primero, Pedro usó su barca *para los propósitos de Jesús*. Este tomó la barca y predicó desde allí para alcanzar a las personas. Luego, después de que Cristo usó la barca para su propio propósito, Dios se encargó de las necesidades de Pedro.

Dios nos promete que si buscamos «primeramente el reino de Dios y su justicia [...] todas estas cosas [nos] serán añadidas» (Mateo 6.33). O sea que, ¿si entrego a Dios mi vida entera, poniéndolo en primer lugar en todas las áreas, él me bendecirá? Sí, esa es la promesa de Dios para usted.

COOPERE CON EL PLAN DE DIOS

El segundo principio se encuentra en Lucas 5.4. La segunda vez que los discípulos fueron a pescar, lo hicieron bajo la dirección de Cristo, siguiendo sus instrucciones con obediencia. No solo debemos apropiarnos de la presencia de Dios en nuestras vidas, sino que *debemos cooperar con esa presencia*. Jesús les dijo a sus discípulos dónde, cuándo y cómo pescar. *Cuando Dios guía su vida, usted no puede fracasar.* Tal como lo dice Ethel Waters: «Dios no auspicia fracasos».

La reacción de Pedro a la dirección de Cristo fue tan hermosa. Para empezar, no le discutió. No dijo: «Espera un momento, Jesús. ¿Quién eres tú para decirme cómo pescar? ¿Acaso no sabes que yo soy Simón Pedro? El pescador de primera categoría en este lago. He superado el récord mundial. ¿Quién eres tú para decirme cómo pescar?». Él no preguntó: «Señor, ¿estás seguro?». Es más, no vaciló ni hizo ninguna pregunta. Ciertamente pudo haber pensado que, si no había recogido nada la noche, de ninguna manera lograría recoger algo en pleno día con la luz del sol brillando sobre las aguas. Desde el punto de vista humano, el momento no era el apropiado; parecía ridículo. Pero Pedro no hizo ninguna pregunta; sencillamente obedeció.

Pedro tampoco hizo caso a sus emociones. Estoy seguro de que él se encontraba muerto de cansancio por haber amanecido trabajando, pero no preguntó: «¿Qué saco? ¿Para qué seguir intentando?». La actitud de Pedro era perfecta. Él estaba ansioso por cooperar con el plan de Dios.

¿Por qué piensa que Jesús le dijo a Pedro: «Lleva la barca hacia aguas más profundas»? Pienso que era porque los peces más grandes se encuentran en las aguas más profundas. Uno solo recoge pececillos en aguas de bajo fondo. La mayoría de las personas viven en las aguas de bajo fondo de la vida. Solo existen en un nivel superficial. Hay poca profundidad en sus vidas porque se conforman con jugar a la orilla, pero no se aventuran a meterse en las aguas profundas. ¿Por qué? Porque es más seguro estar en las aguas de bajo fondo. Ellos piensan: «Si me meto a las aguas profundas puede haber olas. Tal vez mi barca se vuelque. Así que me quedaré aquí donde estoy seguro y cómodo y me pondré a pasar el tiempo».

Cuando Dios trabaja en su vida, siempre hay riesgos porque él quiere que usted viva por fe. Muchos cristianos apenas mojan sus pies porque temen sumergirse. Ellos piensan: «Si me comprometo con Dios seriamente, tal vez me convierta en un fanático. Quizás me convierta en un loco religioso.

¿Qué van a decir mis amistades?». De modo que se conforman con las superficialidades de la vida, y se pierden lo mejor.

El propósito de Dios para su vida es muy bueno, un plan que trabaja a su favor. Dios dice: «Déjame entrar a tu barca. Deja que mi presencia te acompañe dondequiera que vayas, en tu negocio, familia, matrimonio, en todas las áreas. Déjame dirigirte y coopera con mi plan».

Espere que Dios actúe

El tercer principio yace en Lucas 5.5: «Pero como tú me lo mandas». Para recuperarse de un fracaso usted debe anticipar las promesas de Dios en su vida. En el segundo intento por pescar, los discípulos estaban actuando basados en la promesa de Dios para ellos. Se fueron a pescar una vez más porque creyeron que Dios les proveería los peces. Ahora bien, Jesús no dijo específicamente: «Pedro, si vas a pescar conmigo, te prometo que vas a recoger gran cantidad de peces». No le hizo falta decirlo porque Pedro entendió que cuando Jesús le dijo que fuera a pescar y se subió a la barca también y, además, le dijo dónde echar las redes, ¡no iban a regresar vacías! Pedro esperó que Dios actuara, que cumpliera su promesa. Pedro no estaba dependiendo meramente de sus propias habilidades para pescar, de manera que no temió fracasar. Él anticipó las promesas de Dios.

Cuando usted procura la presencia de Dios en su barca, abraza el plan de Dios en su mente y se apropia de las promesas de Dios en su corazón, no puede fallar. Empiece a esperar resultados maravillosos.

PUEDE RESULTAR EN SU VIDA.

Tal vez diga: «Luce fabuloso, pero usted desconoce mis circunstancias. En este momento estoy vencido por los problemas que estoy experimentando. Estoy pasando unos momentos difíciles». Si está vencido por sus circunstancias, déjeme sugerirle un antídoto. Busque en su Biblia alguna promesa específica de Dios y empiece a reclamar aquello. Comience a esperar que Dios actúe y hallará que la promesa divina le inyectará nuevas esperanzas a una situación sin esperanza. El éxito genuino a menudo empieza al margen de un fracaso.

Conozco un matrimonio que tuvo una relación sumamente deteriorada, aparentemente irreparable.

Pero ellos percibieron en su interior que Dios les decía: «Quiero que permanezcan unidos, no se rindan». Sin ninguna evidencia aparente, asumieron la actitud de Pedro: «Señor, hemos trabajado con nuestro matrimonio por mucho tiempo sin ver mejora, pero como tú nos lo mandas, seguiremos intentando». Hoy gozan de un matrimonio realizado y un ministerio dinámico.

Fíjese en los resultados (v. 6): Los discípulos recogieron una cantidad tan grande de peces que sus redes empezaron a romperse. Dios los bendijo con más de lo que podían lidiar. Ese es el caso, invariablemente, cuando usted se apropia de la presencia de Dios, coopera con el plan de él y anticipa sus promesas, será bendecido con más de lo que puede lidiar. En efecto, el versículo 7 indica que los discípulos tuvieron que compartir los resultados con otra barca para evitar que la suya se hundiera. ¡Eso sí es vivir!

El punto es este: Dios no solo quiere bendecir su vida. Él quiere bendecirle tanto que usted tenga que compartir sus bendiciones con otros para evitar hundirse. Él no solo quiere bendecirlo, sino que desea bendecir *a otros a través de usted*, aquellos cuyas redes están vacías. Dios los bendijo con más de lo que ellos podrían usar para sí mismos.

Aquel milagro impactó tanto a Pedro que alzó su voz diciendo: «¡Señor, no merezco esto! Soy pecador. Esto es demasiado bueno para mí».

Jesús entonces le dijo a Pedro: «No temas, desde ahora serás pescador de hombres» (v. 10). Así pues, los discípulos llevaron sus barcas a la orilla y dejaron todo para seguir a Jesús.

Este incidente le dio otro giro a la vida de Pedro, así como a los demás discípulos.

Piense en eso, cuando el festejo de la pesca llegó a tierra, dejaron la mejor pesca de sus vidas allí mismo en la orilla y se fueron tras Jesús. Ellos se percataron de que, si Jesús era capaz de hacer un milagro así, podría hacer todo lo que quisiera. Sabían que siempre y cuando lo siguieran, sus necesidades serían más que satisfechas. Cristo cuidaría de ellos sin importar las circunstancias. Ellos querían una comunión con él que fuera más que un milagro de una sola vez. Entonces Cristo los invitó a formar parte de la labor más importante de mundo: «Les voy a hacer pescadores de hombres. Ustedes van a compartir mis buenas nuevas con otros».

INTÉNTELO DE NUEVO CON JESÚS

¿Cómo se aplica este relato a su vida? Quizá se sienta como los discípulos antes de llegar Cristo: «He trabajado toda la noche y he terminado con una red vacía». ¿Se asemeja esto a su actitud hacia su matrimonio, su empleo u otra dificultad personal? Usted siente que no mejora así que se dice: ¿Para qué seguir intentando? ¿Para qué hacer el esfuerzo? Tal vez se ha hecho un poco cínico en cuanto a la vida.

Pedro no satirizó. No dijo: «Señor, he trabajado diez horas sin recoger nada. Por lo visto en este lago no hay más peces». Él sabía que los peces estaban allí, pero no los había atrapado aún.

El que no resuelva su problema no significa que no hay solución. A través del fracaso, con frecuencia aprendemos las lecciones que nos ayudan a tener éxito. El mensaje de Dios para usted es este: «No te rindas». Inténtelo de nuevo, pero esta vez, hágalo con Jesús en su barca. Él hará la diferencia.

DE LAS PALABRAS A LA ACCIÓN

1. Piense en un problema específico de su vida, y en su grupo de estudio bíblico o usando herramientas bíblicas como una concordancia, busque promesas en la Biblia que traten de un asunto similar.

2. ¿Cuál es su «barca» que Dios podría querer usar como plataforma de su obra?

CAPÍTULO 3

¿CÓMO VENZO
LA DEPRESIÓN?

La depresión es uno de los problemas más grandes en el mundo actual. Se la ha denominado como la gripe común de las enfermedades emocionales. Todos se deprimen ocasionalmente, pero algunos se encuentran en estado de depresión casi todo el tiempo. Aun los grandes santos se deprimieron, Elías fue un caso particular.

Elías fue un tremendo vocero de Dios. A lo largo de tres años fue portavoz del Señor para Israel. Efectuó toda clase de milagros y había un despertar espiritual en su nación, la cual se había ido en pos de ídolos paganos.

Sin embargo, había una persona a la que no le agradaba Elías, Jezabel, la reina de Israel. Una mujer muy malvada que odiaba al profeta, en parte porque este gozaba de mucha influencia. Después de un gran milagro especial efectuado por Elías el rey Acab, esposo de Jezabel, le contó todo lo que el profeta había hecho. Esto enfureció tanto a Jezabel que le envió a Elías un mensajero diciendo: «¡Que los dioses me castiguen sin piedad si mañana a esta hora no te he quitado la vida como tú se la quitaste a ellos!» (1 Reyes 19.2). O lo que es igual: «Si no te mato en las próximas veinticuatro horas, me preparo para matarme yo misma».

Aquí tenemos al Elías que había sido tan valiente por tres años y ahora, cuando una mujer lo amenaza, se asusta, sale huyendo al desierto y se deprime (vv. 3–5). Se acerca a un árbol, se sienta junto a él y clama a Dios pidiendo la muerte. «Ya he aguantado suficiente, Señor. Toma mi vida. No soy de ninguna manera mejor que mis antepasados».

¿Deprimido como Elías?

Elías era un candidato ideal para la depresión. Se encontraba físicamente cansado, emocionalmente exhausto y alguien había amenazado su vida. A esas alturas, era una canasta de frutas emocionales, con toda clase de problemas: temor, resentimiento, culpabilidad, ira, soledad y preocupación. Pero Dios dice que «Elías era un hombre como nosotros» (Santiago 5.17). Con las mismas dificultades que nosotros, y en este caso tenía un problema con la depresión.

Elías estaba tan deprimido que deseaba la muerte. ¿Por qué nos metemos en semejantes enredos emocionales? Debido *al razonamiento errado*. El hecho es que *nuestras emociones son resultado de nuestros pensamientos*.

Si piensa de una manera negativa, usted va a experimentar la depresión. Sus emociones son causadas por su forma de interpretar la vida. Si mira la vida desde una perspectiva negativa se va a desanimar.

Si desea desechar emociones inadecuadas, tendrá que cambiar su manera de pensar. La Biblia dice que usted puede ser transformado a través de la renovación de su entendimiento (Romanos 12.2). La única manera de que puede cambiar su mente y sus emociones es cambiando la manera de pensar. Por eso es que Jesús dijo que «sabrás la verdad y la verdad te hará libre» (Juan 8.32). Si mira las cosas desde la perspectiva correcta, no experimentará depresión. La única manera de poder cambiar su mente y sus emociones es cambiar la manera en la que piensa. Veamos algunas maneras de hacer esto.

JUEGOS PSICOLÓGICOS

Concéntrese en los hechos, no en sus emociones

¿Por qué se deprimió Elías? Porque jugó cuatro juegos mentales que todos jugamos cuando nos deprimimos. El primero se encuentra en el versículo 3. «Elías tuvo miedo y huyó». Se acercó a un enebro, se sentó junto a él y pidió la muerte: «Señor, ya he aguantado demasiado. Estoy harto. Ya no quiero tolerarlo más. Estoy perdiendo el tiempo. Trato de ser tu siervo, pero nadie hace lo correcto. Estoy hastiado; ya no tiene caso continuar; me rindo».

¿Cuál fue su primer error? El mismo que cometemos cuando nos deprimimos: *Nos concentramos en nuestras emociones y no en los hechos*. Eso siempre nos sucede cuando estamos deprimidos. Nos enfocamos en cómo nos sentimos en lugar de ver la realidad. Elías se sintió un fracaso por un solo incidente que lo amedrentó. Habló consigo

46

mismo diciendo: «¡Qué cobarde que soy! ¿Qué hago huyendo?». De modo que, porque se sentía un fracasado, concluyó que lo *era*.

Esto se llama razonamiento emotivo, y es destructivo. Es la idea que dice: «Me siento así, de manera que debe ser realidad». Los músicos, los atletas y algunos actores o actrices, para mencionar a varios, sienten que son un fracaso después de alguna presentación. De igual modo, ellos saben que deben aprender a ignorar las emociones porque *no siempre representan la realidad*. Las emociones no son hechos y pueden resultar muy poco fiables.

Poco después de casarme con Kay, una mañana me desperté y dije: «Sabes, corazón, no me siento como un hombre casado". Ella replicó: «No importa, compañerito. ¡Sí lo estás!».

Tampoco me siento cerca de Dios a veces, pero eso no significa necesariamente que esté lejos de él. No siempre me siento cristiano, pero sí lo soy. Las emociones nos engañan con frecuencia, de manera que, si nos concentramos en ellas en lugar de la realidad, podríamos tener problemas. Por ejemplo, cuando cometemos algún error en un área de nuestra vida, tendemos a creernos un fracaso total. Eso es un concepto erróneo. Todos tienen derecho de equivocarse, y podemos fracasar en un área sin ser un fracaso como persona.

La mayoría de los psicólogos creen que una clave para la salud es sacar las emociones a la luz. Esté consciente de ellas. Exprese sus emociones. Déjelas salir. Pero esa no es la respuesta completa, porque las emociones no son confiables. La Biblia no dice que nos pongamos en contacto con nuestras *emociones* sino con la *verdad*, porque es la verdad la que nos hace libres (Juan 8.32).

No se compare con otros

El segundo error que cometió Elías es aparente en su segunda declaración: «Ya he aguantado demasiado, Señor. Toma mi vida, porque no soy mejor que mis padres». El segundo error que causa la depresión es que *empezamos a compararnos con otros*. Gran parte de nosotros caemos en la trampa de pensar así: *Si pudiera ser como fulano o fulana de tal, sería feliz.*

Cuando usted empieza a compararse con otros, se está buscando problemas. La Biblia dice que esto no es sabio y aun puede ser dañino (2 Corintios 10.2). No se compare con nadie más, porque todos somos únicos. Solo hay una persona que puede ser, usted mismo. Si siempre está imitando a otros y actuando como ellos, se va a deprimir. La única persona que puede protagonizar es usted mismo. Eso es todo lo que Dios desea. Es todo lo que espera.

Cuando empezamos a compararnos con otros, caemos en una trampa: tendemos a comparar nuestras debilidades con las habilidades de otros, olvidando que las aéreas débiles de esas personas pueden ser aquellas en las que nosotros somos fuertes. También tratamos de motivarnos nosotros mismos por medio de la crítica y la condenación. Lo hacemos aplicándonos el «debería»: «*Debería* ser como aquella persona. *Debería* actuar mejor que él o ella. *Debería* lograrlo. *Debería* dejarlo», ¡como si los látigos verbales nos fueran a motivar! Hostigar a otros no da resultados, de igual modo, la autocrítica tampoco funciona.

No tome culpa falsa

El tercer error que cometió Elías fue culparse de todos los hechos negativos que no tuvieron que ver con él. Elías dijo: «Me consume mi amor por ti, Señor Dios Todopoderoso […] Los israelitas han rechazado tu pacto, han derribado tus altares, y a tus profetas los han matado a filo de espada» 1 Reyes 19.10. En esencia, lo que dijo fue: «He trabajado por tres años y ellos todavía no se han acercado a ti. Lo he intentado en serio, pero ellos siguen viviendo de la misma manera que antes».

En su depresión, Elías se culpó a sí mismo del fracaso de la nación. Lo tomó personalmente. El tercer error que causa la depresión es adjudicarse culpa falsa. Cuando se hace esto siempre se cae en la depresión. Asumir una responsabilidad que Dios nunca tuvo como intención para nosotros se convierte en una carga demasiado pesada.

Si uno tiene el hábito de ayudar a los demás, tarde o temprano, se da cuenta de que no todos reaccionan de la manera que uno quisiera, sean hijos o amistades, el cónyuge o las personas con las que trabaja. Las personas reaccionan de diversas maneras. Uno no puede asumir responsabilidad por sus reacciones.

Dios nos dio a cada uno libre albedrío. Cuando usted asume la responsabilidad de las decisiones de otros, toma una carga que le traerá depresión. Uno puede *influenciar* a otros, pero no *controlarlos*. La decisión final es de ellos. No se deprima por algo que está fuera de su control.

No exagere lo negativo

El cuarto error que cometió Elías fue *exagerar lo negativo*. Él dijo: «Yo soy el único que ha quedado con vida, ¡y ahora quieren matarme a mí también!» (v.10). El profeta se echó al dolor: «Todos están en contra de mí». El hecho es que no todos eran opuestos a él. Solo una persona estaba en su contra con violencia, y su amenaza realmente no era en serio. Si Elías lo hubiese meditado un poco, en vez de hacerle caso a sus emociones, se habría dado cuenta de que Jezabel no se hubiera atrevido a matarlo. Cierto es que la reina le envió un mensajero con la amenaza diciendo: «Mañana te voy a matar». ¡Pero si Jezabel realmente hubiese querido matar a Elías, no habría enviado al mensajero para advertirle sino a un asesino!

Jezabel era demasiado astuta para quitarle la vida a Elías. Ella reconocía su gran influencia. Si él moría, se habría convertido en un mártir. Eso hubiese aumentado su influencia y hasta habría causado una revolución en el país. Además de eso, es probable que temiera lo que Dios le haría si ella le pusiese la mano encima a su siervo. De manera que sus palabras eran solo una amenaza. Ella le permitió que huyera al desierto porque no deseaba matarlo sino hacerlo lucir un cobarde ante los ojos de la nación.

Pero Elías no se detuvo a evaluar la amenaza. Sencillamente huyó. *Cuando estamos deprimidos, exageramos lo negativo*. Todo luce mal. Si estamos deprimidos, el mundo entero se echa a perder. En realidad, Elías no era la única persona fiel a Dios. Había siete mil profetas que no habían sucumbido a la religión pagana (v. 18). Elías exageró el problema, y eso agudizó su depresión.

Otra trampa en que caemos es que cuando experimentamos depresión nos pegamos una etiqueta. En lugar de decir: «Cometí un error», decimos: «Soy un fracaso total». En vez de afirmar: «Ay, me tropecé», decimos: «¡Qué bruto soy!». En lugar de declarar: «Comí demasiado», afirmamos: «Soy un puerco». Cuando nos ponemos etiquetas, agravamos el problema y empeoramos las cosas.

Aplicar el remedio de Dios

¿Cuál fue el remedio de Dios para la depresión de Elías? El profeta realizó cuatro cosas para deshacerse de su desánimo que nosotros podemos aplicar.

Cuide sus necesidades físicas

Primeramente, *responsabilícese por el cuidado de sus necesidades físicas.* Leímos que Elías se acostó junto a un árbol y se durmió. Luego, un ángel lo tocó y le dijo: «Levántate y come». Él miró a su alrededor y vio un panecillo cocido sobre carbones calientes y un jarro de agua. Así que comió y bebió, y volvió a acostarse.

Entonces el ángel regresó y le dijo: «Levántate y come porque te espera un largo viaje», de manera que Elías comió y bebió y quedó fortalecido por esa comida (vv. 5–8).

El remedio inicial de Dios para la depresión de Elías fue descanso, alimento y relajación. En ocasiones, un buen reposo hace maravillas en la actitud de uno. Cuando uno se encuentra exhausto físicamente y mentalmente agotado, es vulnerable a la depresión. Fíjese cuán tierno fue el trato de Dios con Elías. Dios no lo reprendió diciendo: «¡Cobarde! ¿Qué haces aquí en el desierto?». Dios no lo despreció ni lo condenó; sencillamente lo restauró físicamente. Ese fue el punto de partida. Si uno se encuentra deprimido, el primer paso hacia la recuperación es ponerse en forma. Tome cuidado de su salud. Tal vez le sea necesario atender su dieta o dormir un poco más o iniciar un régimen de ejercicios. La salud física ejerce una influencia profunda sobre su ánimo.

Entréguele a Dios sus frustraciones

El segundo remedio para su depresión consiste en *entregarle a Dios sus frustraciones*. Después de recuperarse por haber comido y descansado, Elías viajó durante cuarenta días y, entonces, entró a una cueva y pasó allí la noche (vv. 8-9). Por la mañana, el Señor le preguntó: «¿Qué haces aquí, Elías?». Él le contestó: «Me consume mi amor por ti, Señor Dios Todopoderoso. Los israelitas han rechazado tu pacto, han derribado tus altares, y a tus profetas los han matado a filo de espada. Yo soy el único que ha quedado con vida, ¡y ahora quieren matarme a mí también!» (v. 10). Él simplemente exteriorizó sus sentimientos más profundos. Dios permitió que se desahogara. No se consternó con la queja de Elías.

Dios, en esencia, dice: «Cuando estés frustrado, déjame oír tus emociones. Las conozco de antemano y no me voy a escandalizar por ellas». El Señor permitió que Elías exteriorizara sus emociones reprimidas y no lo criticó ni lo condenó. A veces es provechoso confiarle a un amigo cristiano sus sentimientos. Es una catarsis, una depuración, una exteriorización, un desahogo de toda cosa que uno ha reprimido y que le causa depresión.

Y Elías había interiorizado muchas emociones. Fíjese en las seis emociones que experimentó Elías. Primero, tuvo *temor* (v. 3). Después sintió r*esentimiento*. Él dijo: «Estoy harto, Señor. No soy mejor que mis antepasados» (v. 4). También experimentó un nivel muy bajo de autoestima y se sintió *culpable*. Además de esto, se quejó de haber trabajado duro por gusto (v. 10). Tenía valor. Luego dijo: «Soy el único que ha quedado con vida» (v. 10). Se sentía *solo*. Finalmente, añadió: «¡y ahora quieren matarme a mí también!». Estaba *preocupado*. Cuando uno combina el resentimiento, el temor, la culpabilidad, la ira, la soledad y la preocupación, ¡se está buscando la depresión!

De modo que Dios dejó que soltara todas estas cosas. Él dijo: «Elías ¿qué es lo que te frustra? ¿Qué te molesta?». Cuando esté deprimido, eso es precisamente lo que debe hacer: Contarle todo a Dios.

Estar nuevamente consciente de Dios
El tercer remedio para su depresión consiste en *estar nuevamente consciente de la presencia de Dios en su*

55

vida. El Señor le dijo a Elías: «Sal y preséntate ante mí en la montaña porque estoy a punto de pasar por allí» (v. 11). Entonces vino un viento recio que partió las montañas e hizo añicos las rocas; pero el Señor no estaba en el viento. Al viento lo siguió un terremoto, pero el Señor tampoco estaba allí. Tras el terremoto vino un fuego, pero el Señor no estaba en el fuego. Y después del fuego vino un suave murmullo. Cuando Elías lo oyó, se cubrió el rostro con el manto y saliendo, se puso a la entrada de la cueva (vv. 11-13).

Dios le hizo una gran demostración a través del viento, el terremoto y el fuego, pero no iba a hablarle a Elías de esa manera. Lo que realmente le llamó la atención a Elías fue esa apacible voz, ese murmullo. Aún en la actualidad, Dios nos habla en silencio y la quietud, no en alguna demostración de fuego y poder. Dios le recordó a Elías que él aún estaba a su lado.

Si está deprimido, tome su Biblia y vaya a un lugar sereno y silencioso como a un océano, un lago, un parque de la ciudad o al campo. Siéntese y lea su Biblia y comunícate con Dios. Deje que Dios le muestre su amor y le hable. Permítale que satisfaga sus necesidades y permítase sentir su presencia. No hay mejor antidepresivo que la comunicación con Dios y su compañía.

Un nuevo rumbo para su vida

El cuarto remedio para superar la depresión está en *permitirle a Dios que le dé un nuevo rumbo a su vida*. El Señor le dijo a Elías: «Regresa por el mismo camino, y ve al desierto de Damasco. Cuando llegues allá…» (v. 15). Así que Dios le dio a Elías una misión nueva. Lo puso a trabajar de nuevo. La manera más rápida de superar la depresión consiste en dejar de sentarse en medio de la autocompasión. Deje de fijar sus ojos en sí mismo y empiece a mirar las necesidades de los demás. Involúcrese en la vida de ellos a través de un ministerio en el que dé de sí mismo y Dios esté dando por medio suyo. Si está mirándose constantemente, se va a desanimar. Jesús dijo: «Pierde tu vida y la encontrarás» (Mateo 16.25). Involúcrate para ayudar a otras personas.

Cuando nos sentimos deprimidos tendemos a pensar así: *¿Cómo podrá Dios usarme? Soy semejante fracaso. Sigo cometiendo errores. Yo mismo me decepciono, así que seguramente debo decepcionar a Dios.* Pero *usted nunca puede decepcionar a Dios*, porque la decepción solo puede suceder cuando alguien espera que usted haga algo diferente a lo que realmente hace. El hecho es que *Dios conoce todo acerca de usted*. Él sabe cómo va a actuar en el futuro. De modo que no se decepciona cuando sucede. Dios sabe que usted es humano porque él lo creó y sabe qué es lo que lo motiva.

Deje que Dios le dé una nueva meta y un nuevo rumbo. Él no ha terminado con usted. ¿Le salió mal algún asunto? ¡¿Qué va a hacer?! Si se lo permite, Dios lo levantará y empezará de nuevo. Un error (o cien de ellos) no le hace inútil en la vida.

Jesús lo quiere sacar de su depresión. Él le puede ayudar; él le puede cambiar; él puede sanarle de la depresión. Usted no tiene que pasar la vida a merced de sus emociones. Sus pensamientos rigen sus emociones, y usted puede controlar lo que piensa. Puede decidir cambiar sus pensamientos. Deje que Dios cambie esas concepciones erróneas y dañinas como aquella que dice:

«Si alguien me critica, significa que no sirvo para nada».

«Para sentirme realizado o realizada en la vida, necesito ser amado por todos».

«No puedo admitir ninguna debilidad; tengo que ser perfecto o perfecta porque si no soy un fracaso».

Estos son el tipo de conceptos equivocados que producen depresión. Jesús conocía la importancia de razonar correctamente cuando dijo: «Conocerán la verdad y la verdad los hará libres» (Juan 8.32). Mientras mejor conozca a Jesús, más libre será.

USTED PUEDE CAMBIAR

Usted *puede* cambiar. ¿Cómo se empieza? Estableciendo una relación con Cristo. Usted «nace de nuevo», como lo dice la Biblia. Esto no cura toda su depresión de manera instantánea, pero sin Cristo, no hay fuerza para cambiar. Él desea ser una parte vital de su vida, y si le cede el control, él le ayudará. Una vez que esté en su vida, pídale una nueva meta y un nuevo sentido a su existencia.

Usted necesita algo más grande por lo cual vivir en lugar de sí mismo. Aquellos que viven para ellos mismos tienen asegurada la depresión. Usted necesita algo mayor que le quite la vista de sí mismo y es una relación vital con Cristo, el Hijo de Dios.

DE LAS PALABRAS A LA ACCIÓN

1. ¿Qué error de Elías es usted más propenso a experimentar en su vida?

2. ¿De qué forma concreta puede usted comenzar a implementar el primer remedio para la depresión, su bienestar físico?

Capítulo 4

¿Cómo vivir por encima de la mediocridad?

Dios nunca tuvo intención de que usted tuviera una vida promedio y mediocre. Usted está diseñado para la excelencia y fue creado de manera única. En lugar de ser uno en un millón, en realidad es ¡uno en seis mil millones! No hay nadie más como usted; usted es único.

Todos quieren ser reconocidos. Es más, usted no solo *quiere* ser reconocido, sino que *necesita* serlo por el bien de su salud emocional. Cuando mi hija Amy era muy niña, me decía: «¡Mírame papá, mírame papá!». Ella quería ser reconocida. Quería sobresalir entre la multitud.

Nosotros, como adultos, hacemos lo mismo excepto que no tan frontalmente. Sin embargo, lo hacemos con nuestros carros, nuestra ropa y nuestras casas. En todo momento, estamos diciendo: «¡Mírenme, mírenme todos!». Tenemos una necesidad en nuestras vidas de ser diferentes, de ser excelentes para sobresalir entre los demás.

DESTÁQUESE ENTRE LA MULTITUD

Primera de Crónicas 4.9–10 nos habla de un hombre llamado Jabés. Los primeros nueve capítulos de ese libro consisten de genealogías, con un listado de más de seiscientos nombres. Justo en medio de todos esos nombres, Dios señala a uno en particular para reconocimiento especial, y su nombre es Jabés.

Solo se encuentran dos versículos en la Biblia entera que se refieren a este hombre y aun así se le da una mención honorable por encima de otras seiscientas personas. ¿Por qué dijo Dios que este hombre vivió por encima del promedio? ¿Qué hizo para que su nombre se conservara por más de cuatro mil años? «Jabés fue más importante que sus hermanos» (vv.

9–10). Su madre lo llamó así porque «con aflicción lo he dado a luz».

Jabés clamó a Dios diciendo: «¡Bendíceme y ensancha mi territorio! Ayúdame y líbrame del mal para que no padezca aflicción. Y Dios le concedió su petición».

Había tres secretos en la vida de este hombre, tres principios que pueden elevar su vida por encima del promedio también.

Grandes aspiraciones

Primeramente, Jabés tenía una gran aspiración. Mientras todos sus amigos se conformaban con ser mediocres. Jabés dijo: «Quiero que Dios me bendiga. Quiero algo grande. Quiero hacer algo significativo con mi vida». Él no quería ser ordinario. No quería ser común. Quería expandirse y crecer. Así que dijo: «Bendíceme y ensancha mi territorio». Jabés tenía una aspiración grande, y más que nada quería que Dios lo bendijera. Muchos hoy pasan la vida con indiferencia. No tienen metas, ni un plan estratégico, ni un propósito principal, ni una aspiración. Como resultado, nunca logran mucho. Sencillamente, existen.

El primer principio para vivir por encima del promedio consiste en *tener una gran aspiración*. Usted necesita un sueño. Si no lo tiene, está sin rumbo. Cuando uno deja de soñar, empieza a morirse. Cuando deja de fijarse metas, deja de crecer. Usted necesita algo por lo cual perseverar, una meta de excelencia. Mientras su horizonte se expanda, será alguien emocionalmente saludable. Dios lo hizo para su crecimiento; él desea que usted crezca, se expanda y se desarrolle. Dios tiene un propósito para su vida y la clave del éxito consiste en descubrirlo y cooperar con él. Nunca fue la intención de Dios que usted viviera con una actitud ambivalente, preguntándose qué está haciendo y hacia dónde se dirige. Dios desea que tenga una gran aspiración. Una vida sin desafíos y sin metas puede resumirse con una sola palabra: Aburrimiento.

Hay tres conceptos erróneos comunes que impiden que nos fijemos metas grandes. El primero es que *confundimos la humildad con el temor*. Decimos: «Oh, yo nunca podría hacer eso», y pensamos que somos humildes. Eso es *temor*; eso es *falta de fe*. Una persona verdaderamente humilde diría: «Con la ayuda de Dios lo puedo hacer. Con la bendición de Dios lo *haré*. No lo podría hacer por mí mismo, pero con la ayuda de Dios lo haré». Eso es verdadera humildad.

Segundo, *tendemos a confundir la conformidad con la pereza*. Es cierto que Pablo dijo: «He aprendido a estar satisfecho en cualquier situación» (Filipenses 4.11). Pero eso no significa que uno no debería fijarse metas. Pablo no dijo: «He aprendido a no fijarme ninguna meta y tampoco tengo aspiraciones o ambiciones para el futuro». Lo que estaba diciendo era: «Aunque no haya alcanzado mis metas aún, he aprendido a disfrutar al máximo. Estoy feliz hoy, aunque tenga sueños y aspiraciones que aún no he alcanzado».

Si la conformidad se usara como excusa para la pereza, ¿quién alimentaría al menesteroso o se preocuparía por el hambre en el mundo, la equidad y la justicia? ¿Cómo podría uno educarse? Un niño de tercer grado diría: «He aprendido a estar satisfecho con el tercer grado», y no continuaría más. No podemos confundir el contentamiento con la pereza.

Tercero, *confundimos el pensar modestamente con ser espiritual*. A mí me han dicho: «Yo sirvo a Dios a mi manera». Mi respuesta es esta: «Entonces, ¿por qué no empieza a servir a Dios de una manera más grande? ¡Deje que Dios le use más!».

Otros me dicen: «Bueno, es que soy así. Así me hizo Dios». Pero eso es culpar a Dios por nuestra falta de crecimiento, porque nos ha provisto de las herramientas e ideas que necesitamos para poder crecer. No confunda el pensar modestamente con ser espiritual.

UNA FE CRECIENTE

El segundo principio para vivir por encima del promedio es que usted *necesita una fe creciente*. Jabés no solo tenía grandes aspiraciones, sino que también poseía una fe creciente. Tenía una convicción y confianza profunda en Dios. Tuvo suficiente fe como para pedir en oración y esperar una respuesta. Se parecía a William Carey, que dijo: «Procure hacer grandes cosas para Dios; espere grandes cosas de parte de Dios».

La Biblia aporta algunos hechos interesantes referentes a Jabés. Primero, no hay mención de ningún talento, don o habilidad especial que él haya tenido. La Biblia no nos dice que fuera rico o educado. Sencillamente era un hombre común con una fe poco común. ¡No se preocupe de lo que *no posee* cuando lo que *posee* es fe! Dios le dará el poder que le haga falta. A él le encanta usar personas ordinarias que le creen, que están dispuestas a confiar en él.

La fe de Jabés lo llevó a creer que Dios lo ayudaría con sus mesas y sueños. Hay algo más importante que ser talentoso, más importante que la habilidad o la educación: la *fe*. Es creer que Dios trabajará por medio de usted. He conocido muchas personas extremadamente talentosas sentadas en las bancas mientras que otras ordinarias, pero con fe, están encestando la bola. Ellos le creen a Dios, así que él los usa. Tal como Jabés, ellos son personas ordinarias con una fe extraordinaria.

Otro asunto es que tenía una clase de impedimento físico. En el idioma hebreo Jabés significa doloroso. ¿A quién le gusta el nombre «doloroso»? «Ahí viene doloroso» o «Por allá anda doloroso». Jabés le causó tanto dolor a su mamá al nacer que esta le puso por nombre «doloroso». Tal vez fue marginado o rechazado. Su nombre le recordaba que aun su nacimiento causó dolor a alguien. Pero Jabés era más fuerte que su impedimento. Su fe lo animaba a continuar.

A pesar de sus experiencias dolorosas pasadas, Jabés tuvo fe para mirar adelante y procurar grandes cosas en el futuro.

¿Cuál es su impedimento? ¿Será físico? ¿Será espiritual? ¿Será una niñez infeliz? ¿Será un trabajo frustrante o un problema matrimonial? Sea lo que sea, Dios dice: «Para el que cree, todo es posible» (Marcos 9.23).

ORACIÓN GENUINA

El tercer secreto de Jabés fue su *vida de oración*. Su sencilla petición fue la que le ganó una mención honorable en la Biblia y aún después de miles de años, seguimos hablando de él. Quizás haya vacilado al pedir alguna cosa en oración. Tal vez pensó que su petición era egoísta. ¿Qué clase de oración contesta Dios? La vida de Jabés nos ilustra tres cosas que podemos pedirle a Dios y confiar en que él nos las conceda.

Lo primero que pidió fue *el poder de Dios en su vida*. Pidió un poder mayor que el suyo para alcanzar su sueño. Y oró de esta manera: «Quiero que me bendigas. Quiero tu poder en mi vida».

Es importante notar que la petición de Jabés fue específica: «Dios, esto es lo que quiero que hagas: Que ensanches mi costa; que expandas mi territorio; quiero más propiedades».

¿Ora por sus metas? ¿Le pide a Dios que le ayude en su rumbo en la vida? El tercer principio para vivir por encima del promedio es tener una vida de oración genuina. A primera vista, la oración de Jabés parece egoísta, ¿no? Él oró diciendo: «Dios, quiero que hagas todo esto por mí».

Por lo visto, Dios aprobó esta oración dado que se la concedió. Este es el punto: *la ambición no es ni buena ni mala; es sencillamente un impulso básico de la vida*. Todos tienen cierta aspiración. Puede ser grande o pequeña, pero todos la tienen para vivir en este mundo.

¿Qué es lo que hace a la ambición buena o mala? Una cosa: la *intención* tras ella. Las intenciones de Jabés eran genuinas porque Dios nunca honra una petición indigna. Considere esto: *Dios le reta a hacer grandes peticiones.* ¿Qué le pide a Dios cuando ora? Dios le anima a pedirle. «No tienen porque no piden» (Santiago 4.2). Jeremías (33.3) dice: «Clama a mí y te responderé, y te daré a conocer cosas

69

grandes y ocultas que tú no sabes». Pablo declara que Dios «puede hacer muchísimo más que todo lo que podamos imaginarnos o pedir, por el poder que obra eficazmente en nosotros» (Efesios 3.20). Eso significa que usted no puede superar a Dios en cuanto a pedir. Usted no puede superar a Dios en cuanto a soñar. Si pudiera expandir su imaginación más allá de los límites de lo que cree que pueda suceder, Dios podría aun superar eso.

Él puede superar *su* imaginación. Dios dice: «Confía en mí, pide, búscate una gran ambición, y después busca una fe creciente, y después tráemelos en oración».

¿Qué desea que Dios haga en su vida? ¿Que restaure un matrimonio? Pídaselo. ¿Que le ayude con algún problema? Pídaselo. ¿Que le ayude con algunas metas? Pídaselo. Dios no es un policía que se encuentra en el cielo esperando que usted se equivoque para caerle encima; Dios *quiere* bendecir su vida.

Lo segundo que pidió Jabés fue *la presencia de Dios en su vida*: «Ayúdame» (1 Crónicas 4.10). Él se dio cuenta de algo: «Si consigo más territorio, tendré más responsabilidades. Habrá más obligaciones y más presiones, y realmente necesitaré la ayuda de Dios

70

en mi vida». Así que le pidió a Dios que estuviera con él. Cuando usted pide la presencia de Dios en su vida, téngalo por seguro que él le contestará.

Lo tercero que pidió Jabés fue *la protección de Dios sobre su vida*: «Líbrame del mal para que no padezca aflicción» (v. 10). Le pidió a Dios su protección. ¿Por qué hizo eso Jabés? Porque en esos días, cuanto más territorio se poseía, se ejercía más influencia y, por ende, más conocido se hacía uno. También se convertía en un blanco mayor.

Aún en la actualidad es así: Cuanto más éxito se tiene, más crítica se obtiene. Mientras se posee más territorio, más enemigos arremeten contra uno. En lo que uno se acerca más a Dios y se fortalece más como cristiano, el diablo lo acosa más, porque él no quiere que uno crezca. Pero téngalo por seguro, tal como Jabés, que con la protección de Dios, usted no tendrá de qué o de quién temer.

Si combina las tres peticiones que hizo Jabés, le garantizo que vivirá por encima del promedio. ¿Desea librarse de la mediocridad? ¿Desea ver a Dios operar en su vida? ¿Desea ver respuestas verdaderas a sus oraciones? ¿Está cansado de atravesar la vida sin saber hacia dónde se dirige?

Si realmente desea vivir por encima del promedio, si desea lo mejor de Dios para su vida, entonces aplique estos tres principios que usó Jabés: Busque una aspiración grande, un vislumbre de lo que Dios quiere hacer en su vida: procure una fe creciente en Dios, una fe que le permita esperar lo imposible; establezca una vida de oración genuina, una que dependa de Dios en lo que se dirige hacia su sueño.

DE LAS PALABRAS A LA ACCIÓN

1. ¿De cuál de estos tres secretos debería ocuparse mayormente ahora mismo? ¿Qué pasos específicos debería tomar al respecto?

2. ¿Cuál es su gran sueño o meta?, y ¿cuál es su intención al respecto?

CAPÍTULO 5

¿CÓMO PUEDO TENER TRANQUILIDAD?

Vivimos en un mundo muy tenso. Se le ha llamado la edad de la ansiedad. Todos enfrentamos situaciones que nos vuelven irritables y tensos y que nos roban la tranquilidad. La mayor causa de infartos y presión alta es la tensión y el estrés. Cada año, más de quinientos millones de dólares en tranquilizantes se prescriben para poner a las personas a velocidad lenta.

La mayor parte de la tensión resulta de conflictos sin resolver. Si discute con alguien en el trabajo, se sentirá tenso hasta que dialogue con esa persona. Los asuntos sin resolver crean tensión en su vida. Si usted tiene que hacer alguna decisión importante y no puede hacerla, es frustrante y causa disgusto.

Sin embargo, se pueden tomar unos pasos prácticos para alcanzar la paz interna, y los aprendemos de una figura prominente en la Biblia. Moisés fue un hombre que aprendió a solucionar problemas básicos de la vida y, como resultado, se convirtió en un ejemplo de cómo disfrutar de la tranquilidad mental.

El hombre con paz interior

A Moisés se le considera a menudo el hombre de fe más grande del Antiguo Testamento. En Hebreos 11, el «Salón de la fama de Dios» con los grandes hombres y mujeres de la fe, Moisés recibe más énfasis que los demás.

Si alguien tenía derecho de estar tenso, era Moisés. Desde el principio, su vida estaba llena de tensión y conflicto. El faraón de Egipto había proclamado que todo varón hebreo recién nacido fuera exterminado. «Por la fe Moisés, recién nacido, fue escondido por sus padres durante tres meses, porque vieron que era un niño precioso, y no tuvieron miedo del edicto del rey» Hebreos 11.23). Entonces, a través de circunstancias insólitas descubriero a Moisés y fue criado por la hija del faraón (Éxodo 2.3-10). Aún así:

> Moisés, ya adulto, renunció a ser llamado hijo de la hija del faraón. Prefirió ser maltratado con el pueblo de Dios a disfrutar de los efímeros placeres del pecado. Consideró que el oprobio por causa del Mesías era una mayor riqueza que los tesoros de Egipto, porque tenía la mirada puesta en la recompensa. Por la fe salió de Egipto sin tenerle miedo a la ira del rey (Hebreos 11.24-27).

Él soñó con guiar a dos millones de israelitas de la tierra egipcia, a lo largo del desierto, y entrar a un nuevo país llamado Israel, «la tierra prometida». Era un gran sueño, divinamente inspirado. No obstante, la mayor parte del tiempo, el pueblo se quejaba, discutía y peleaba. No poseían suficiente fe para entrar a la «tierra prometida», así que pasaron cuarenta años deambulando por el desierto hasta que los primeros adultos murieron. De manera que, a sus hijos les fue permitido entrar. Moisés nunca vio cumplirse su.

Él tenía todo el derecho de sentirse frustrado; con todo, la Biblia declara que Moisés era un hombre manso. Ahora bien, mansedumbre no significa debilidad. Es una actitud de confianza sosegada, de tranquilidad interior y paz mental. La mansedumbre guarda a la persona de acalorarse cuando las cosas se agitan. Es una actitud que dice: «Aunque todo se me venga encima y todos la agarren conmigo, aunque las cosas se pongan tensas y tenga todo el derecho de sentirme nervioso, mantendré la calma. No voy a perder los estribos». Solo hay dos personas en la Biblia que se les llama mansos: Jesús y Moisés. Este es un ejemplo ideal de cómo disfrutar la paz mental.

LOS CUATRO TEMAS DE LA VIDA

¿Cómo logró Moisés tener paz mental? ¿Por qué podía estar en paz consigo mismo? Porque *fue un hombre de grandes principios.* Cada decisión que tomó se basaba en principios fundamentales de la vida. No se dejaba llevar por los sentimientos; más bien fundamentó su vida en los principios de Dios para el diario vivir. *Dios no quiere que hagamos nuestras vidas fundamentados en reglas insignificantes, sino en grandes principios.* Vemos en Hebreos 11 que Moisés trató con cuatro temas esenciales de la vida a los cuales todos nos enfrentamos. A estos llegamos de cuatro preguntas fundamentales.

Primero, resolvió la primera pregunta: «¿Quién soy?» (v. 24). Después la segunda: «¿Qué quiero ser verdaderamente?» (v. 25). Así mismo contestó la siguiente pregunta: «¿Qué es lo que realmente importa en la vida?» (v. 26). Finalmente resolvió el asunto: «¿Cómo voy a vivir?» (v. 27).

Estas plantean cuatro temas fundamentales y básicos que necesitará resolver. En cada uno de estos temas cruciales, Moisés respondió acertadamente. Tomó la decisión correcta, y como resultado le damos reconocimiento.

SEPA QUIÉN ES USTED

El primer asunto con el que Moisés trató (v. 24) fue la *identidad*. Entendió quién era. Necesitamos entender el conflicto aquí. Moisés era genuinamente judío, pero la hija del faraón lo educó como egipcio. Todos creían que era un egipcio genuino. Años más tarde, cerca de sus cuarenta, estaba preparándose para ser nombrado segundo en mando del reino, de manera que se vio obligado a tomar una decisión: «¿Qué voy a hacer con mi vida? No soy esa persona que todos creen que soy».

Moisés disfrutaba de todas las comodidades imaginables, y pudo haberse quedado ahí. Sin embargo, tenía una crisis de identidad: «¿Quién soy? ¿Seré judío o egipcio? ¿Viviré con un montón de esclavos judíos o con lujo en el palacio?». ¿Qué habría hecho usted? Moisés tomó la decisión correcta con respecto al asunto de la identidad, pero le costó los siguientes ochenta años en el desierto.

Cada uno de nosotros tiene que lidiar con el asunto de la identidad. Todos tenemos una necesidad profunda de aceptar quiénes somos. Si procura vivir como alguien que no es, seguro que se buscará una úlcera, porque entonces empieza la presión. Moisés reconoció esta tensión y decidió dejar las apariencias. Él aceptó su verdadera identidad.

El descansar y dejar de vivir como otra persona que uno no es, resulta ser una experiencia liberadora. El fundamento de la paz mental es *no procurar vivir como alguien que uno no es*. Esté tranquilo y sea usted mismo. Dios le creó y él le ama tal cual es, con o sin arrugas. Para él, usted es especial.

Puede aparentar ser otra persona o aceptar el plan de Dios y ser lo que realmente fue destinado a ser desde el principio. ¿Cómo recordaríamos a Moisés hoy si se hubiese quedado en el palacio? Tal vez como una momia egipcia en algún museo. Mas él hizo la decisión difícil, y a la luz de la eternidad fue la mejor.

Unos años atrás Anne Murray pegó un hit con la canción *Tú me necesitaste*. Hay un verso que dice: «Tú me levantaste y me diste dignidad». Eso es lo que Jesucristo hace a favor de nosotros. Dios no solamente nos da una identidad, sino que nos da dignidad también. Cada persona con quien Jesús trató en el Nuevo Testamento — sea la mujer atrapada en el acto de adulterio o un leproso o un marginado — fue aceptada y amada por Jesús. Él dijo: «Yo sé tu nombre. Eres una persona».

Cuando deje de aparentar que es otra persona, podrá descansar y dejar que Dios opere en su vida.

ACEPTE SUS RESPONSABILIDADES

Hay otro tema con el que Moisés tuvo que tratar, el asunto de la *responsabilidad personal*. Tras resolver el asunto de quién era, se enfrentó a la pregunta de quién quería realmente ser. La Biblia dice que prefirió ser maltratado con el pueblo de Dios a disfrutar de los efímeros placeres del pecado (Hebreos 11.25). Primero, *rehusó* aparentar lo que no era, y luego *escogió* seguir el camino de Dios. El principio es este: *Siempre se puede reemplazar lo negativo con lo positivo*. Sencillamente, no se deja de hacer algo, sino que se empieza a hacer otra cosa. La vida cristiana no es una cuestión de normas negativas y reglamentos; es un asunto de relaciones, con Dios, con los demás y con uno mismo. Se ha dicho graciosamente que «Si la vida cristiana consistiera de una lista de prohibiciones, ¡todos los muertos llevarían el nombre de cristianos!». Pero la manera de Dios es una positiva.

Moisés tomó esa decisión ya adulto (v. 24). Eso es señal de madurez, cuando uno deja en orden el asunto de la responsabilidad personal. Cuando Moisés era una criatura no le era problema postergar la decisión acerca de su identidad. Sin embargo, cuando se hizo adulto, se vio obligado a decidir: «¿Quién soy?». Tuvo que tomar una decisión, asumir la responsabilidad de su propia vida y seguir adelante.

La verdad de la responsabilidad personal no es muy popular en la sociedad actual. Vivimos en una cultura que le gusta culpar a otros y no aceptar la responsabilidad personal. ¿Quién tuvo la culpa de la crisis de petróleo de 1973? Los norteamericanos culparon a los árabes, estos culparon a la industria petrolera, esta al gobierno estadounidense y éste a los ecologistas. Nadie quiso admitir su culpa.

A todos nos encanta *culpar*, pero nos *molesta recibir la culpa*. Es fácil culpar a otros por su condición. «Yo tendría mejor comunión con Cristo si mi familia fuera cristiana». «Yo seguiría la vía de Dios si mi novio o novia o mi cónyuge se diera prisa primero». «Yo sería mejor persona si hubiese tenido mejores padres». Moisés no culpó a nadie, asumió la responsabilidad de su propia vida y decidió hacer que ella contara.

Es cierto, por supuesto, que existen muchas cosas en su vida sobre las que no tiene control. Usted no tuvo opción para escoger a sus padres. Tampoco para seleccionar su lugar de nacimiento. Mucho menos tuvo control sobre los genes que formaron parte de su composición química. Pero hay algo sobre lo que puede ejercer control absoluto, y es la forma en que *responde* a su vida. Usted escoge responder a la vida de una manera crítica y negativa o en una forma positiva en fe.

¿Y qué de las demás personas? ¿Acaso no hacen cosas en contra suya? Sí, usted no puede controlarlas. Sin embargo, usted escoge cómo les va a responder. El sobreviviente de un campo de concentración alemán comentó que lo único que había aprendido fue que, a pesar de no poder controlar lo que le sucedía, sí podía controlar cómo respondía a aquello. Nadie le puede quitar su actitud a menos que se lo conceda. Cuando usted asume la responsabilidad de su propia actitud, entonces podrá empezar a disfrutar genuina paz mental.

No puede escoger todas las circunstancias que se presentan en su vida, pero *puede* decidir si esas cosas lo harán una persona amargada o una mejor persona. Es su responsabilidad. *Nadie puede arruinarle la vida excepto usted mismo.* El diablo no puede, porque no tiene suficiente poder. Dios no lo hará, porque le ama. Solo *usted* puede arruinar su vida.

Decida cuáles son sus prioridades

Hay otro tema con el que Moisés lidió. Él prefirió ser maltratado con el pueblo de Dios a disfrutar de los placeres del pecado por un tiempo efímero (Hebreos 11.25). Consideró que el oprobio por causa del Mesías era una mayor riqueza que los tesoros de Egipto. Moisés encaró el problema de las *prioridades*. Decidió lo que realmente importa en la vida.

Desde la perspectiva humana, el joven Moisés lo tenía todo. Poder absoluto, placer absoluto, riquezas absolutas. Muchas de las riquezas del mundo de entonces se encontraban guardadas en Egipto. Moisés tenía lo que muchos pasan sus vidas enteras procurando lograr: poder, placer y bienes materiales.

A pesar de eso, Dios le pidió a Moisés que hiciera algo más importante, así que lo hizo. Era un asunto de prioridad en su vida. Debido a que Moisés se le consideraba hijo de la hija del faraón y estaba en un puesto de gran influencia, podía razonar de esta manera: «La situación de la esclavitud es muy mala, así que sencillamente seguiré dentro del sistema y trataré de hacer reformas».

Pero Dios no le dijo eso. Él le dijo: «¡Ve para allá, y actúa».

A la mayoría de las personas les gusta congraciarse con su comunidad, pero hay un problema con ser popular: dura poco. Uno puede ser el centro de la atención en la escuela por un tiempo, pero al regresar unos años después de graduarse, encontrará que nadie lo conoce. La popularidad simplemente no dura.

Asimismo, tenemos el placer. ¿Será malo el placer? No, a menos que sea su dios. Sin embargo, vivimos en una sociedad atada por el placer: «Solo se vive una vez, así que mejor es vivir la vida con gusto». «Haz lo que se te antoje». «Si lo sientes bien, hazlo». No obstante, hay un problema con el placer también: Tampoco dura mucho. Moisés rechazó los placeres temporales porque tenía sus valores en orden; tenía sus ojos puestos en algo más sublime.

No hay realmente nada de malo en tener dinero. Algunos de los santos más grandes de las Escrituras fueron extremadamente adinerados, incluyendo a Job, Abraham, y David. Pero la Biblia dice que la vida de una persona no depende de la abundancia de sus bienes (Lucas 12.15). Las riquezas simplemente no dan felicidad absoluta: pregúnteselo a los que las tienen. ¿Cuánto dinero se necesita para ser feliz? Usualmente, un poquito más. *El dinero es para utilizarlo no para amarlo*. Dios quiere que se usen las cosas y que se ame a las personas. Pero si uno ama las cosas, usa a las personas. Moisés tenía sus prioridades en orden; rechazó las cosas materiales porque había algo más importante en su vida.

ENFRENTE SUS DIFICULTADES

El último tema con el que luchó Moisés fue el de la *perseverancia*. Es casi posible resumir la vida de este hombre en tres palabras: «se mantuvo firme» (Hebreos 11.27). Es un hecho real que no hay ganancia sin trabajo duro, ningún adelanto sin adversidad, ningún progreso sin dificultad. En cuanto al tema de la perseverancia, aprenda a lidiar con los reveses.

Moisés tuvo éxito porque persistió. La clave de su paz interior fue que sabía que las dificultades llegan a la vida de todos, y sabía cómo responder acertadamente y seguir adelante. Como cristianos nunca debemos dejar que los problemas nos aniquilen; al contrario, debemos hacer que nos acerquen más a Dios. Se ha dicho que los problemas nunca nos deben hacer caer, sino sobre nuestras rodillas. Dios permite estas situaciones en nuestras vidas por razones específicas.

Sin perseverancia, no se llega lejos. La paz llega cuando se acepta la responsabilidad por las decisiones que se toman; escoja las prioridades de Dios, y persevere confiadamente.

Moisés fue un hombre que aprendió a resolver los asuntos fundamentales de la vida, y como resultado se convirtió en el primer ejemplo de cómo disfrutar de la paz interior. Porque tomó las decisiones correctas y estableció lo que es importante en la vida, fue capaz de vivir consigo mismo y asumir una responsabilidad tremenda y, con todo, permanecer sereno bajo la presión.

Sea usted un adolescente, una persona madura, o se encuentre entre estos dos, al final tendrá que enfrentarse a estos asuntos fundamentales. Si puede aprender a resolver estos asunto en su mente, sabrá que conlleva tener una paz interior real. Aprenderá a estar calmado en una crisis, a ser fuerte ante el estrés y a encontrar la paz bajo la presión. Y podrá aprender de su experiencia cómo mantenerse de esta manera.

DE LAS PALABRAS A LA ACCIÓN

1. ¿Quién es usted? Si estuviera hablando con Dios, ¿qué vocabulario usaría para describir su identidad verdadera?

2. ¿Cuál es esa cosa que usted piensa debería ser prioritaria en su vida? ¿Cuál es la acción inmediata que podría realizar hacia ese fin?

CAPÍTULO 6

¿CÓMO LIDIO CON EL DESÁNIMO?

Si se le preguntará cuál es la enfermedad más letal del mundo ¿qué respondería? ¿El cáncer? ¿El polio? ¿La MS? ¿El SIDA? Con toda probabilidad no mencionaría el *desánimo*. Podría incluso no pensar que el desánimo es una enfermedad mortal, sin embargo, lo es. Y está más extendida que cualquiera de esas enfermedades mencionadas.

¿Por qué es tan temible la enfermedad del desánimo? Para empezar, porque es universal. Todos nos desanimamos. Yo me desanimo, usted se desanima, todos nosotros nos desanimamos. El desánimo es común. Aun el cristiano se desanima. En segundo lugar, porque es recurrente. Uno puede desanimarse en repetidas ocasiones. No es algo que se experimente una sola vez. Tercero, porque es altamente contagioso. Otros se pueden desanimar porque usted está desanimado.

AHORA LAS BUENAS NOTICIAS

A pesar de todo, las buenas noticias son que el desánimo tiene cura. Un incidente en la vida de Nehemías (capítulo 4) ilustra cuatro causas y tres curas para el desánimo. Como recordará, Nehemías era líder del grupo de judíos que regresaron a Israel desde Babilonia para reedificar el muro alrededor de Jerusalén. Cuando iniciaron la obra estaban llenos de fervor, empeño y emocionados con el proyecto. Después de trabajar un tiempo, sin embargo, se desanimaron.

El capítulo 4 de Nehemías muestra por qué se desaniman las personas y cómo superar ese desánimo, lo que hay que hacer cuando uno siente ganas de rendirse. «Continuamos con la reconstrucción y levantamos la muralla hasta media altura, pues el pueblo trabajó con entusiasmo» (v. 6). Pero al continuar la historia, el ánimo cambia: «por su parte, la gente de Judá decía: «Los cargadores desfallecen, pues son mucho los escombros; ¡no vamos a poder reconstruir esta muralla!». Y nuestros enemigos maquinaban: «Les caeremos por sorpresa y los mataremos; así haremos que la obra se suspenda». Algunos de los judíos que vivían cerca de ellos venían constantemente y nos advertían: «Los van a atacar por todos lados» (vv. 10-12).

Probablemente nos hemos sentido así en más ocasiones de las que recordemos. Usted podría encontrarse desanimado ahora mismo. Esta historia nos muestra porqué la gente se desanima y cómo puede sobreponerse a ese desánimo. Nos muestra lo que hacer cuando sentimos que queremos rendirnos.

POR QUÉ NOS DESNIMAMOS
Simplemente agotado

¿Por qué se desanima la gente? La primera razón es por *fatiga*. La gente de Judá dijo: «Los cargadores desfallecen». En otras palabras, habían trabajado largas horas y estaban físicamente exhaustos. Estaban simplemente agotados, física y emocionalmente sin fuerzas.

En ocasiones se acercan las personas para recibir consejería pensando indebidamente que su desánimo es un problema espiritual. Y me dicen: «Tal vez necesito volver a dedicar mi vida al Señor». Pero el verdadero problema es que están gastados físicamente. Solo necesitan algo de descanso, reposo y renovación. Así que les digo: «Usted no necesita volver a dedicar su vida al Señor, solo necesita descansar un poco». Algunas veces, lo más espiritual que uno puede hacer es simplemente ir a la cama y reposar, o tomar unas vacaciones modestas.

¿Cuándo se presenta la fatiga y el ánimo? Fíjese en el versículo 6: «Continuamos con la reconstrucción y levantamos la muralla hasta media altura». ¿Sabe cuándo se expone más al desánimo? Cuando va a mitad del proyecto. Todos trabajan arduamente al principio. Esta gente trabajó «con entusiasmo» (v. 6). ¿Por qué? Porque el proyecto era nuevo. Era novedoso al principio, pero al pasar el tiempo, lo nuevo fue perdiendo su atractivo y la labor se volvió aburrida. La vida se convirtió en un patrón, luego una rutina y entonces un ritual.

¿Alguna vez ha pintado algún dormitorio? Al llegar a la mitad del trabajo mira a su alrededor y dice «Hombre, qué cansado me siento, aún voy por la mitad. Y no solo eso, sino que después me toca recoger todo».

Hace poco hice algo muy tedioso. Traté de reordenar mis archivos. ¿Sabe lo que significa reorganizar unos archivos? Significa que saca todo lo que tiene archivado, lo coloca en diferentes columnas sobre el piso, y luego se desanima y vuelve a ponerlos tal como estaban al principio.

¿Alguna vez ha escalado una montaña y se ha puesto a pensar: *Solo deberá tomar unas cuatro horas para llegar a la cima*? Pero cuando se encuentra a la mitad del camino ya han pasado cinco, entonces se dice: *¿Seguiré escalando? Ahora me toca toda esa distancia para bajar de nuevo*. De pronto empieza a pensar: *Tal vez sea voluntad de Dios que vuelva a bajar*. La fatiga es la primera causa del desánimo, y a menudo ocurre a mitad del camino. Por eso es que muchos rara vez terminan sus proyectos.

Cómo superar la frustración

Hay sin embargo una segunda razón por la cual la gente se desanima. El pueblo dijo: «Pues son muchos los escombros; ¡no vamos a poder reconstruir esta muralla!» (v. 10). Eso es *frustración*. Ellos estaban desaminados y frustrados. ¿Qué es el escombro? Estaban reedificando una muralla nueva, pero los escombros se encontraban por todas partes, además de tierra y cola reseca. Cuando miraron los escombros y el deshecho se desanimaron. Perdieron de vista la meta porque había tanta basura en sus vidas que no sabían cómo llegar al verdadero asunto de vivir.

Cuando uno emprende un proyecto, seguro que se van a acumular los escombros, y se puede tornar muy frustrante. ¿Alguna vez ha ampliado una recámara o construido un edificio? De pronto usted nota montones de cemento por todas partes. O decide pintar un cuarto y se da cuenta de que hay más pintura por todas partes que en las paredes. Pareciera que la basura se multiplicara sola. Uno no puede evitar la basura en la vida, pero se *puede* aprender a reconocerla y se *puede* aprender qué hacer con aquello para no abandonar su plan inicial.

¿Qué basura hay en su vida? Son esas cosas triviales que le hacen perder su tiempo, le consumen energías y le frustran las que le impiden ser todo lo que desea ser; las que le impiden hacer todas esas cosas que realmente son de importancia en la vida. La basura en su vida es aquello que se atraviesa en su camino, las interrupciones que impiden que alcance sus metas. Estas son las cosas que debemos limpiar en nuestras vidas. Debemos sacar la basura.

Cómo hacer del fracaso algo temporal

La tercera razón por que las personas se desaniman se expone en el versículo 10. «¡No vamos a poder reconstruir esta muralla!». ¿Sabe qué es lo que quisieron decir? «¡No podemos hacerlo! Es imposible. Tratar de hacerlo es una tontería. ¡Nos rendimos!». La tercera causa del desánimo es el *fracaso*. El pueblo no pudo terminar la obra dentro del tiempo que se propusieron y como consecuencia el ánimo se les evaporó. Se desalentaron y perdieron la motivación. Dijeron: «¡No lo podemos hacer, así que nos rendimos!».

¿Cómo trata con el fracaso en su vida? ¿Se echa en los brazos del dolor? ¿Será que se dice: «Pobre de mí, no puedo acabar esta tarea»? ¿Empieza a quejarse? «Es imposible. No se puede hacer. ¡Qué tonto de mí, intentándolo aún! Es estúpido».

¿O será que culpa a los demás? «Todos me fallaron. Nadie hizo bien su parte de la obra». La diferencia entre el triunfador y el fracasado es que el primero siempre ve el fracaso como una inconveniencia temporal.

¿Impedido por el temor?

Existe una cuarta razón por la que las personas se desaniman. El pueblo de Nehemías lo expresó así: «Y nuestros enemigos maquinaban: «Les caeremos por sorpresa y los mataremos; así haremos que la obra se suspenda» (v. 11). Había personas en Israel que no querían que se construyera la muralla; eran los enemigos de los judíos. Una muralla alrededor de una ciudad era símbolo de seguridad y protección, de manera que esos enemigos no querían que se terminara de construir la muralla. Así que inicialmente criticaron a los judíos, después se burlaron de ellos y finalmente los amenazaron: «Les caeremos y los mataremos si continúan edificando la muralla». Así que los obreros se desanimaron. ¿Por qué? Debido a la cuarta causa del desánimo, el *temor*.

Fíjese en quiénes se desanimaron. Fueron «algunos de los judíos que vivían cerca [del enemigo]» (v. 12). Y luego desanimaron a los demás diciendo: «Los van a atacar por todos lados». Cuando uno anda en compañía de una persona negativa por un buen tiempo, ya sabe lo que sucede. A uno también se le pega el negativismo. Si uno escucha a otro decir: «No se puede», uno empezará a creerle.

¿Tiene temores, en este momento, que lo desaniman; que le impiden desarrollarse y madurar? ¿Siente temor de ser criticado o pasar vergüenza? ¿Tiene miedo de dar ese paso gigantesco y conseguir un nuevo empleo? Tal vez sea el temor de creerse incompetente para esa nueva labor. Quizás sea el temor a no poder soportar la presión. O temor a tener que ser perfecto. *El temor siempre desanima.*

¿Cómo se puede saber si su desánimo es causado por el temor? Siente una inclinación profunda de huir: «¡Necesito salir de aquí!». Tiene un deseo intenso de escapar a las responsabilidades y las presiones. La reacción natural del temor es huir. En la vida, existen tres maneras de moverse: *en contra de* algo bajo la ira, *lejos de* algo con temor, y *en* la misma dirección con amor.

Cómo superar el desaliento

¿Cuál es el antídoto para esta terrible enfermedad del desánimo? Fíjese lo que hizo Nehemías como sabio líder y hombre de Dios. Él supo lo que estaba desanimando al pueblo, de modo que, siguió los pasos para remediar la situación. Hay tres principios que lo ayudarán cuando sienta deseo de tirar la toalla y aquí están, en forma resumida: *reorgani-zarse*, *acordarse* y *resistir*.

Encuentre una manera mejor

Nehemías usó el principio de la *reorganización*: «Así que puse a la gente por familias, con sus espadas, arcos y lanzas, detrás de las murallas, en los lugares más vulnerables y desguarnecidos» (v. 13). Nehemías dijo: «Vamos a organizar esto bien. Vamos a implementar un sistema nuevo aquí. Ustedes para allá y ustedes quédense acá, y vamos a solucionar este problema».

El primer principio para conquistar el desánimo es éste: *reorganice su vida*. Cuando usted se desanime, *no abandone sus metas*. Más bien, *busque otro plan*. Cuando uno está desanimado, eso no significa necesariamente que esté haciendo lo incorrecto; puede estar haciendo lo correcto de manera incorrecta. ¿Acaso era incorrecto que estos judíos estuvieran edificando una muralla? Seguro que no; era lo correcto. Pero estaban haciéndolo de manera errónea y, como resultado, se desanimaron.

¿Tiene algún problema? Reorganice su vida. ¿Algún problema en su matrimonio? No se rinda. Trate con otra actitud. ¿Algún problema con su negocio?

No tire la toalla. Trate otra táctica. ¿Algún problema con su vida cristiana? No desmaye. Trate con una oración nueva. ¿Algún problema con su salud? Trate con otro médico. Simplemente, *no se rinda. Persevere.*

Algunos se desaniman porque están bajo presión; la cantidad de trabajo que tienen es impresionante. El mensaje de Dios para usted es: reorganícese. Reorganice su tiempo; reorganice su horario; vuelva a enfocarse en su meta. Descarte el despojo, los restos y las trivialidades, las cosas que le quitan tiempo. Luego, reorganícese de manera que pueda concentrarse en su meta.

Hace poco, en un seminario, me recordaron el principio 80-20. Cerca del 80 % del tiempo se lo dedicamos al 20 % de las actividades poco productivas. Como resultado terminamos frustrados. Lo que necesitamos hacer, más bien, es dedicarle 80 % del tiempo al 20 % de trabajo que produzca los mejores resultados. Los gerentes llaman a este tiempo ROI (siglas en inglés, el retorno sobre la inversión). En otras palabras, utilice el mayor tiempo posible en esas pocas cosas que producen los mejores resultados.

Note que Nehemías se concentró en las prioridades. Cuando se reorganizó, asignó a las personas por familias. ¿Por qué? Porque sabía que cualquiera que estuviera desanimado necesitaría un grupo de apoyo. Necesitamos a otros y la familia es un grupo natural. Cuando uno en la familia se desanima, los demás le ayudarán a levantarse. Necesitamos a nuestros hermanos en la fe para apoyarnos y animarnos unos a otros. Si siento desánimo, usted me levanta, y si es usted el desanimado, yo lo levanto. Eso es un grupo de apoyo.

Salomón dice: «Más valen dos que uno, porque obtienen más fruto de su esfuerzo. Si caen, el uno levanta al otro. ¡Ay del que cae y no tiene quien lo levante! Si dos se acuestan juntos, entrarán en calor; uno solo ¿cómo va a calentarse? Uno solo puede ser vencido, pero dos pueden resistir. ¡La cuerda de tres hilos no se rompe fácilmente!» (Eclesiastés 4.9–12).

¿Qué dice el sabio? Que es importante tener a otras personas en nuestras vidas para ayudarnos y animarnos.

Acuérdese de su líder

¿De qué otra forma se puede superar el desánimo? *Acordándose* de su Señor. Note lo que dijo Nehemías: «Luego de examinar la situación, me levanté y dije a los nobles y gobernantes, y al resto del pueblo: ¡No les tengan miedo! *Acuérdense del Señor*, que es grande y temible» (Nehemías 4.14). ¿Qué significa «acuérdense del Señor»? Esto es volver a comprometerse con él. Significa volver a dedicarse a él. Suplirse de su poder espiritual.

¿Qué específicamente recuerda? Tres cosas. Primero, recuerde la bondad de Dios para con usted en el pasado. Cuando empiece a recordar todas las cosas buenas que Dios ha hecho en su vida, su espíritu se levantará. Segundo, acuérdese de la proximidad de Dios en el presente. ¿Qué está haciendo en su vida ahora? Él está con usted, aunque no sienta su presencia, porque él dijo: «Nunca te dejaré, jamás te abandonaré» (Hebreos 13.5). Tal vez no esté buscando a Dios, pero él aún está allí. Tercero, acuérdese del poder de Dios para el futuro, él le dará las fuerzas que necesitará. Todo «lo puedo en Cristo» porque él me da fuerzas (Filipenses 4.13). Cuando se desanime, deje de pensar en las circunstancias y piense en el Señor. Porque las circunstancias deprimen y desaniman.

Recuerde: Sus pensamientos determinan sus sentimientos. Si siente desánimo, es porque está pensando en cosas que le desaniman. Si desea sentirse *animado* en vez, comience a pensar en cosas de ánimo. Memorice algunos pasajes bíblicos que lo sostengan:

«Todo lo puedo en Cristo que me fortalece» (Filipenses 4.13).

Nada me podrá separar «del amor de Dios» (Romanos 8.39).

«Si Dios está de nuestra parte, ¿quién puede estar en contra nuestra?» (Romanos 8.31).

«Para el que cree, todo es posible» (Marcos 9.23).

Luche contra el panorama negativo

¿De qué otra forma se puede luchar contra el desánimo? Resistiendo. Note lo que afirma Nehemías: «Peleen por sus hermanos, por sus hijos e hijas, y por sus esposas y sus hogares» (Nehemías 4.14b). ¿Qué dice Nehemías? «No se rindan ante el desánimo sin hacerle frente. *Luchen contra* él. Combátanlo. No se rindan ante *él,* sino resístanlo».

La Biblia nos enseña que los cristianos estamos en una guerra espiritual, una batalla. Estamos en un conflicto sobrenatural, un combate contra las fuerzas negativas. La Biblia afirma que el diablo es el acusador de los cristianos; a él le encanta desanimarnos. Esa es su herramienta número uno, porque sabe que un cristiano desalentado tiene un potencial limitado. Sabe que, si decaemos, nuestra eficiencia se neutraliza. De manera que hace todo lo posible para desanimarnos. Santiago indica: «Resistan al diablo» (Hebreos 4.7). Resístalo a él, a sus pensamientos negativos y a todo el desánimo que trae a su vida.

No tiene que andar desanimado en la vida. Es su decisión. No se rinda. No obstante, la gente grande se niega a ser desanimada. Ellos no saben cómo rendirse. No se rinden aun cuando estén fatigados y frustrados, fracasen o sufran temor. La gente grande son personas ordinarias con mucha persistencia. Sencillamente siguen caminando sin rendirse.

DE LAS PALABRAS A LA ACCIÓN

1. ¿Cuál de las cuatro causas del desánimo le afecta más ahora mismo?

2. ¿Qué quiere *recordar* de Dios cuando se siente desanimado, y cómo le ayuda?

CAPÍTULO 7

¿CÓMO SUPERO
MIS PROBLEMAS?

La historia mejor conocida de Josafat describe una de las grandes batallas épicas en la vida de Israel. Josafat, rey de Israel, recibió palabra de un amigo avisándole que tres naciones enemigas venían en su contra para pelear. Las probabilidades no eran muy optimistas porque eran tres naciones contra la única nación Israel. El cronista nos explica que aquellas tres naciones eran los moabitas, los amonitas y los meunitas (2 Crónicas 20.1), merodeaban por allí, al otro lado del río Jordán o del mar Muerto. La báscula no se inclinaba hacia el lado de Josafat.

Esta historia es relevante para nosotros porque todos encaramos batallas todos los días: financieras, espirituales, en el empleo; de todo tipo. Dios puso la historia de Josafat en la Biblia para ilustrar ciertos principios esenciales para salir victoriosos en los conflictos de la vida.

IDENTIFIQUE AL ENEMIGO

El versículo uno nos muestra que el primer principio para superar las batallas de la vida es: *identificar al enemigo*. Este principio parece un poco obvio pero, en realidad, no lo es. Muchos sencillamente no saben quién es su enemigo. A menudo creemos que es otra persona que trata de quitarnos nuestro empleo o algún familiar, pero muchas veces el enemigo es nuestra propia actitud: No es tanto la *situación* lo que nos desalienta, sino la forma en que *respondemos* a ella. Antes de empezar a ganar nuestras batallas personales, tenemos que identificar a nuestro enemigo con acierto y sinceridad.

Note como reaccionó Josafat (v. 3) cuando escuchó que esas tres naciones venían en su contra: se alarmó. Esa es una reacción típica de todos nosotros. Cuando vemos un problema decimos: «¿Qué me va a suceder? ¡Tengo miedo!». Es una reacción natural ante los problemas y el temor no es malo, a menos que uno lidie con él de manera equivocada.

Si usamos el temor para motivarnos a vencer el problema, está bien. Pero si nos desalentamos y nos rendimos o nos enojamos con Dios y le decimos: «¿Por qué yo?» entonces el temor nos vence.

RECONOZCA SUS LIMITACIONES

Josafat tenía miedo porque se estaba enfrentando a una situación que parecía desesperada. Clamó al Señor: «Dios nuestro, ¿acaso no vas a dictar sentencia contra ellos? Nosotros no podemos oponernos a esa gran multitud que viene a atacarnos. ¡No sabemos qué hacer!» (2 Crónicas 20.12). Esto ilustra el segundo principio para ganar las batallas de la vida: *reconocer las limitaciones*. Solo hay una clase de persona a la que Dios no ayuda, y esa es la que cree que no la necesita. Cuando admite sus limitaciones y pide ayuda, Diso se pondrá manos a la obra.

Después Josafat reconoció: «Señor, no sé qué hacer», y agregó: «pero nuestra mirada está puesta en ti» (v. 12). Necesitamos poner nuestra mirada en el Señor. Demasiadas veces ponemos la mira en todo lo demás, en todo menos en aquel que puede resolver nuestros problemas. Las circunstancias son como un colchón: Si estamos encima, descansamos tranquilos, pero si estamos debajo, podemos asfixiarnos. Si mantenemos la mirada puesto en el Señor, permaneceremos encima de nuestras circunstancias.

No podemos vivir la vida cristiana por nosotros mismos porque carecemos de poder. Necesitamos la fortaleza que proviene de Dios. Vivimos la vida cristiana no «por la fuerza ni por ningún poder, sino por mi [el] espíritu [de Dios]» (Zacarías 4.6). Necesitamos dejar que el Espíritu de Dios viva a través de nosotros.

PRESÉNTESELO AL SEÑOR

Josafat se atemorizó porque se vio frente a una situación aparentemente sin esperanza. ¿Entonces qué hizo? Proclamó un ayuno y reunió al pueblo para pedirle ayuda al Señor (2 Crónicas 20.3–4). La gente llegó de todo pueblo de Judá para buscar al Señor. El segundo principio para ganar las batallas de la vida es *presentarle a Dios sus problemas.*

Esto conlleva orar. Usualmente, lo último que intentamos es orar, porque queremos resolverlo todo nosotros mismos.

Un diácono fue a su pastor un día y le dijo:

—Pastor, tenemos un gran problema. Nada está sucediendo, y no podemos resolverlo.

—Bueno —le dijo el pastor—, supongo que podemos orar por eso.

El diácono le contestó:

—Pastor, ¿tan malo está el asunto?

La oración debe ser la *primera* arma que usemos cuando nos enfrentemos a las batallas de la vida, y no la última. Acuérdese que Jesús tuvo las batallas más grandes de la vida, y así mismo oró.

Josafat oró de esta manera: «Señor, yo sé que me has ayudado en el pasado. Sé que me puedes ayudar en el futuro. Así que por favor ayúdame *ahora*».

DESCANSE EN FE

Fíjese cómo le contestó Dios la oración a Josafat: «No tengan miedo ni se acobarden cuando vean ese gran ejército, porque la batalla no es de ustedes sino mía» (v. 15). El quinto principio para superar las batallas de la vida es *descansar en fe*. Muchísimos cristianos en la actualidad están agotados porque procuran pelear las batallas de Dios con sus propias fuerzas. Cuando tratamos de pelear las batallas de Dios con nuestras propias fuerzas, tenemos una derrota garantizada.

Cuando recién nos convertimos no entendemos realmente dónde nos hemos metido. Con gran entusiasmo, pensamos que estamos listos para salir y traer el reino de Dios de una vez. Tenemos el ímpetu para ganar el mundo para él. Así que trabajamos con empeño y chocamos con la realidad, pero al fin regresamos arrastrándonos, sintiéndonos culpables y desilusionados por haberle fallado a Dios.

Pero Dios contesta: «No, tú no fracasaste en apoyarme porque tú no me apoyas». *Nosotros no apoyamos a Dios, él nos apoya a nosotros. Nosotros no tenemos a Dios en nuestras manos, él nos tiene a nosotros en las suyas.* Dios trata de decirnos: «Descansa en fe y deja que actúe a través de ti».

En cierta época de mi vida cristiana, trabajé fuertemente para el Señor, haciendo todo bajo mis propias fuerzas. Y me cansé. Finalmente, una noche me quejaba ante Dios, expresando mi preocupación. Le dije: «Señor, eso no sirve. Dios, esto me desagrada. Estoy cansado. Estoy harto y cansado». Luego añadí: «Es más, estoy harto y cansado de andar harto y cansado». Así que agregué: «Dios, me rindo».

Entonces escuché una voz que me decía: «Muy bien, ahora puedo empezar a trabajar; porque mientras tú sigues haciendo tus planes y tratando de hacerlo tú mismo, vas a echarlo a perder todo. Descansa, déjame trabajar a través de ti».

Pablo dice: «De la manera que *recibieron* a Cristo Jesús como Señor, *vivan ahora en él*» (Colosenses 2.6). En otras palabras, de la misma manera en que *se hizo* creyente, viva su vida cristiana. Usted no se hizo cristiano por el trabajo arduo o porque le prometieron que sería perfecto, o por hacer su mejor esfuerzo. La Biblia dice que la salvación no es por obras, para que nadie se jacte (Efesios 2.9). Uno sencillamente dijo: «Señor, estaré tranquilo, dejaré que vivas en mi vida». Y debemos continuar como cristianos de la misma manera. La victoria en la vida es un regalo de Dios: «¡Gracias a Dios, que nos da la victoria!» (1 Corintios 15.57).

Dos veces en el pasaje (2 Crónicas 20.15, 17) Dios le ordenó a Josafat que no temiera. El rey pensó que tenía todas las razones para temer, en fin, las probabilidades eran de tres a uno en su contra, pero Dios dijo: «No temas». ¿Por qué? Porque Dios prometió pelear por nosotros y con nosotros.

¿Acaso Dios ha perdido alguna batalla? No. Ni una. De manera que ya sabe quién va a ganar al fi al. Es como leer el último capítulo de una obra literaria para descubrir que todo va a terminar bien, y después regresar al libro y leerlo con calma. Los problemas se reducen cuando uno se los entrega a Dios.

Fíjese que más le dijo Dios a Josafat: «Pero ustedes no tendrán que intervenir en esta batalla. Simplemente, *quédense quietos* en sus puestos». (2 Crónicas 20.17). ¿Qué significa estar quieto en su puesto cuando hay problema, cuando está peleando una batalla, cuando se encuentra en una crisis de la vida? Es una actitud mental de confianza silenciosa que dice: «Voy a confiar en Dios».

Hay algo que estoy aprendiendo poco a poco: *No es la voluntad de Dios que yo huya de la situación difícil*. Si decido huir, eso va a mover la situación un poco más atrás. Tal vez luzca un poco diferente, pero será lo mismo. ¿Por qué? Porque Dios quiere enseñarme que él es suficiente para cualquier problema. Si no aprendemos esto hoy, tal vez lo aprendamos la próxima semana, quizás el próximo año, pero en algún momento lo aprenderemos. Nos podemos evitar muchos problemas si estamos quietos y esperamos en Dios con confianza silenciosa.

¿En qué podemos mantenernos firmes? Josafat dice que debemos tener fe en Dios nuestro Señor, y él nos sostendrá; debemos tener fe en sus profetas para conseguir el éxito. Primero, necesitamos mantenernos firmes con el carácter de Dios. Dios es fiel; podemos confiar en él; nunca nos fallará. Segundo, necesitamos mantenernos firmes en las Escrituras que nos dio a través de sus profetas, en otras palabras, la verdad de la Biblia. Ella es la Palabra de Dios, y necesitamos esperar con confianza silenciosa en sus promesas escritas.

Agradezca a Dios anticipadamente

El sexto principio para vencer las batallas de la vida es *agradecer a Dios con anticipación la victoria que nos da*. La historia de Josafat es fascinante porque, después de consultar al pueblo, asignó hombres que cantaran al Señor, que lo adoraran por su esplendor y santidad en lo que ellos iban delante del ejército (v. 21).

¡Imagínese! Hay dos montañas y un valle, y una gran batalla por desatarse en este. En una montaña se encuentran tres naciones enemigas esperando devastar a los judíos. En la otra montaña están los judíos liderados por Josafat. Él le dice al pueblo: «Este es el plan de Dios. Todos los que canten en el coro, los quiero en primera fila». Así que se van marchando a la batalla con el coro delante del ejército alabando a Dios.

¿Funcionó el plan de Dios? Sí. Las tres naciones enemigas se confundieron y terminaron matándose entre ellos. Lo único que tuvo que hacer el pueblo de Dios fue repartirse el botín. ¿Por qué escogió Dios hacerlo de esa manera? Como una lección visual para enseñarnos a alabarlo con fe aun antes de la victoria.

Un joven llamado James Stewart no era creyente, es más, era anticristiano. Su mamá le compró una Biblia un día, se la puso en su escritorio, y le dijo:

—Toma, hijo, tu nueva Biblia.

—¿Para qué es esto? —replicó James. Su mamá le respondió:

—Aún no lo sabes, pero estás a punto de ser cristiano.

—No. No lo seré —contestó James—. Voy a jugar fútbol y terminar en el infierno.

Esa noche, su mamá se puso en pie en la iglesia y dijo:

«Mi hijo está a punto de ser cristiano. Aún no lo sabe, pero le estoy dando gracias a Dios por adelantado».

Entonces los amigos de James empezaron a acercarse a él y a decirle:

—Me enteré de que eres cristiano.

—No, es la chiflada de mi mamá. Yo solo voy a jugar fútbol y terminar yéndome al infierno.

Sin embargo, su mamá le dijo a su pastor: «Deseo que aparte veinte minutos el sábado para que mi hijo pueda dar su testimonio».

El viernes por la noche antes de aquel sábado, James estaba jugando fútbol cuando de pronto sintió la presencia de Dios en la cancha. Se arrodilló y oró delante de todos: «Dios, verdaderamente te necesito. Si puedes hacer una diferencia en mi vida, entra y cámbiame. Sálvame, cueste lo que cueste. Hazme nacer de nuevo».

James salió corriendo de la cancha aún en uniforme, a lo largo de la calle, y subió las escaleras de su casa. Le dio un abrazo a su mamá y le anunció:

—¡Mamá, acabo de convertirme en cristiano!

Ella le contestó:

—¡Por supuesto! ¡Te lo vengo diciendo hace tres semanas!

Esta es una historia verdadera en cuanto a darle gracias a Dios con anticipación. La lección es que *hay poder en el agradecimiento.* Cada uno de nosotros puede decir: «Señor, sé que tengo problemas, pero te doy gracias anticipadamente porque no hay situación que no puedas resolver». Eso es verdadera fe, darle gracias a Dios con anticipación.

DE LAS PALABRAS A LA ACCIÓN

1. ¿Qué actitud debería cambiar para enfrentarse a los problemas que tiene hoy mismo?
2. Piense en una situación por la que pueda dar gracias a Dios con anticipación por resolverla.

CAPÍTULO 8

¿CÓMO CONFIAR EN TIEMPO DE CRISIS?

LAS TORMENTAS DE LA VIDA

La Biblia nos enseña que hay tres tipos de tormenta en la vida: las que nosotros mismos nos atraemos (tal como Sansón y los problemas que se buscó), las que Dios provoca (Jesús calmando la tempestad en el lago de Galilea), y las que otros provocan (Pablo y Silas apresados). Cuando uno es la víctima de la crisis, esta última clase de tormenta es difícil de soportar.

¿Cómo lidiamos con estas crisis? ¿Cómo conservamos la calma y mantenemos nuestra confianza y valor, a pesar de lo que nos acontezca?

Dios puso a Pablo, en condición de preso, en un barco con destino a Roma. (En realidad, el deseo del corazón de Pablo era ir a Roma para predicar). Estando a bordo, Dios le dijo a Pablo que le avisara a la tripulación que no dejara el muelle porque se avecinaba una gran tormenta sobre el Mar Mediterráneo. Sin embargo, los navegantes ignoraron lo que Dios les avisaba a través de Pablo, en parte porque perdieron la paciencia (Hechos 27.9–12).

La impaciencia, a menudo, nos trae problemas. Cuando perdemos la paciencia, nos topamos con la tormenta. He conversado con muchas personas atravesando alguna crisis que estuvieron impacientes por casarse, por encontrar un trabajo nuevo o por mudarse. No consultaron a Dios y se embarcaron rumbo a la tormenta.

Pablo dijo a los marineros: «Señores, veo que nuestro viaje va a ser desastroso y que va a causar mucho perjuicio tanto para el barco y su carga como para nuestras propias vidas» (v. 10). Pero de todas maneras navegaron hacia la tormenta. ¿Por qué? Porque siguieron su naturaleza humana. Hay tres razones por las que las personas se meten en líos, sea dos mil años antes en el libro de los

Hechos o actualmente. ¡La naturaleza humana no ha cambiado!

CÓMO ENTRAMOS EN UNA CRISIS
Consejo errado de los expertos

El centurión, en vez de escuchar lo que Pablo dijo, siguió el consejo dado por el timonel y el dueño del barco. La primera razón por la que nos buscamos los problemas es porque *les hacemos caso a los expertos equivocados.*

Hay muchas ideas locas en el mundo, y cada semana parece que hay una nueva terapia o alguna secta. Alguien dirá: «La clave para vivir es comer muchas bananas y yogur». Otro dirá: «No, la clave es adoptar una posición extraña y decir: Ummmm». Otra persona afirmará: «No, la clave es comprar las grabaciones de nuestro seminario». Parece que todos tienen una respuesta; una opinión experta. Pero la realidad es que los expertos a menudo se equivocan. Algunos se la pasan pidiendo la opinión a los expertos hasta que hallan a alguien que esté de acuerdo con ellos, solo para argumentar sus propias conclusiones. Sin embargo, cuando uno empieza a consultar a los expertos errados, está a punto de meterse en problemas. El único experto en el que podemos confiar es Dios.

Consejo errado por votación

Debido a que el puerto donde se encontraban no era apropiado para el invierno, la mayoría de la tripulación decidió que se continuara navegando, con esperanzas de llegar a Fenicia y detenerse en Creta (v. 12). La segunda razón por la que nos metemos en problema *es que votamos*. La realidad es que la mayoría muchas veces se equivoca. ¿Recuerda lo que le sucedió a Moisés cuando empezó a dirigir al pueblo de Israel? La mayoría deseaba regresar a Egipto, pero se equivocaron. Nos podemos meter en serios problemas al seguir la opinión pública, las ideas más populares. Si escuchamos a Dios, iremos en la dirección correcta.

Consejo errado por las circunstancias

La historia continúa: «Cuando comenzó a soplar un viento suave del sur, creyeron que podían conseguir lo que querían, así que levaron anclas y navegaron junto a la costa de Creta» (v. 13). Resultó ser una mala decisión. ¿Por qué otra razón nos buscamos problemas? Porque nos *confiamos de las circunstancias*. Note que se menciona que hubo un viento ligero desde el sur. ¿Qué mejor cosa para un agradable recorrido por el Mediterráneo? Los navegantes pensaron que habían obtenido lo que querían porque las circunstancias lucían favorables. No obstante, es una locura ignorar lo que Dios dice, aun si las circunstancias parecen contradecirlo. Las cosas podrán lucir bien ahora, pero usted puede estar navegando hacia la tormenta.

He escuchado a algunos decir: «Esta decisión tiene que ser la correcta porque tengo un buen presentimiento al respecto». Hay una frase muy conocida que dice: «¿Cómo puede estar mal si presiento que está bien?». La realidad es que los sentimientos muchas veces engañan. Si Dios dice: «Espera en el puerto», más vale esperar porque el diablo también sabe condicionar las circunstancias indeseadas.

Las veces que hablo con las personas durante consejería, escucho decir, una y otra vez, que pensaban que habían recibido lo que deseaban pero de pronto navegaron directamente hacia una tormenta, tal como los navegantes del libro de los Hechos que se encontraron atrapados en «un viento huracanado, llamado Nordeste» (v. 14). El barco quedó atrapado en una tormenta y no podía siquiera hacerle frente al viento.

QUÉ NO HACER EN UNA CRISIS
No se deje llevar a la deriva

Cuando nos encontramos en la crisis, lo típico es hacer tres cosas, las mismas que hicieron los navegantes. La reacción de ellos es típica de la persona bajo la presión. «El barco quedó atrapado por la tempestad y no podía hacerle frente al viento, así que nos dejamos llevar a la deriva» (v. 15). Después los navegantes «dejaron el barco a la deriva» (v. 17). Lo primero que las tempestades tienden a hacer en nuestras vidas es que nos abandonemos a la deriva. Dejamos nuestras metas. Nos olvidamos de nuestro rumbo. *Nos olvidamos de nuestros valores y permanecemos a la deriva.*

Debido a que no había brújulas en aquellos días y a que las estrellas estaban ocultas por la tempestad, la tripulación estaba en completa oscuridad. Cuando uno está en una situación oscura en la que no hay estrellas ni brújula, ¿qué ocurre? Se va a la deriva. Sencillamente uno deja que las olas le echen de un lado al otro y va donde ellas lo lleven. Los problemas nos llevan de un lado a otro. A causa de estas corrientes fuertes en la vida a uno le place decir: «¿De qué sirve? ¿Para qué luchar?». Y vamos con la corriente.

No descarte

Las circunstancias no mejoraron para el apóstol Pablo en su viaje a Roma. «Al día siguiente, dado que la tempestad seguía arremetiendo con mucha fuerza contra nosotros, comenzaron a arrojar la carga por la borda. Al tercer día, con sus propias manos arrojaron al mar los aparejos del barco» (vv. 18–19). Cuando llega una crisis, empezamos a bogar a la deriva, y *después a descartar cosas de nuestras vidas.* Con los navegantes fue la carga, después los aparejos, después el trigo (v. 38), y finalmente ¡ellos mismos! (vv. 43–44). Saltaron por la borda para llegar a tierra.

Este es el punto: Con frecuencia, cuando estamos en la crisis, descartamos las cosas que son importantes para nosotros, los valores que abrazamos en tiempos mejores. Tendemos a descartar todo porque estamos bajo presión y queremos deshacernos de todo. Nos volvemos impulsivos. Abandonamos nuestros sueños. Rompemos relaciones. Descartamos valores que aprendimos en la niñez.

No se desespere

Note lo tercero que hicieron los navegantes: «Como pasaron muchos días sin que aparecieran ni el sol ni las estrellas, y la tempestad seguía arreciando, perdimos al fi toda esperanza de salvarnos» (v. 20). En una crisis aguda *casi siempre llegamos al punto de la desesperación y perdemos la esperanza.* Lo último que descartamos cuando tenemos un problema es la esperanza, y cuando la descartamos, fracasamos.

Los navegantes estuvieron a bordo de un pequeño barco en oscuridad por espacio de catorce días en pleno Mar Mediterráneo, echados de un lado para el otro por la tormenta hasta que descartaron todo y perdieron toda esperanza. Tal vez se sienta así mismo. Ha estado atravesando un problema esta última semana, mes o año. El problema lo ha echado de un lado al otro, y ha botado todo, llegando al punto de la desesperación: «¿De qué sirve esto? No hay esperanza. Esta situación es imposible». Pero recuerde a los navegantes, ellos perdieron la esperanza porque olvidaron que *Dios tiene el control.* Olvidaron que Dios tiene un plan. Que Dios puede inyectarle esperanza a una situación absolutamente desesperanzadora.

LA REACCIÓN DE PABLO

Lo más impresionante de este relato es la reacción de Pablo: un giro de 180 grados en comparación a la de los navegantes. Ellos estaban desesperados; decían que no tenían esperanza. Estaban desalentados y deprimidos, y arrojaron todo por la borda.

Pero Pablo estaba calmado y confiado. Con valor en medio de la crisis. Nada en absoluto lo preocupaba.

La reacción de los navegantes es la respuesta natural que todos nosotros tendemos a asumir en medio de la crisis, pero no tiene que ser nuestra respuesta. Una prueba de nuestra fe cristiana es la forma en que lidiamos con la crisis. Cualquiera puede ser cristiano cuando las cosas andan bien, cuando recibimos respuesta a todas nuestras peticiones, cuando gozamos de buena salud, cuando nuestros ingresos van en aumento. Es fácil ser cristiano en momentos así.

La prueba de nuestra fe es cuando los problemas llegan, cuando sentimos la inclinación a desesperarnos, a irnos a la deriva y arrojar por la borda todas las cosas que son de importancia en nuestras vidas. El carácter *se revela* en la crisis, no *se crea* en ella. El carácter se crea en las cosas cotidianas, ordinarias y triviales de la vida. Se crea allí, pero se revela cuando naufragamos en una situación que amenaza con tragarnos.

¿Qué se debe hacer cuando las cosas parecen desarmarse solas y el barco parece que se va a desintegrar? ¿Qué se hace cuando los problemas de la vida azotan? Fíjese lo que hicieron los navegantes: «Temiendo que fuéramos a estrellarnos contra las rocas, echaron cuatro anclas por la popa y se pusieron a rogar que amaneciera» (v. 29). Lo más seguro que se puede hacer cuando uno atraviesa una tormenta es echar el ancla. Simplemente quédese quieto. Las circunstancias cambian y el reloj de arena sigue corriendo. Pero la Biblia dice que los que confían en el Señor son como el monte de Sion que jamás será conmovido (Salmos 125.1).

Con frecuencia, cuando las personas se topan con un gran problema quieren cambiar todo lo demás en sus vidas al mismo tiempo, ¡como si necesitaran más cambios! Una persona pierde a su cónyuge por muerte o divorcio y la reacción típica es: «Voy a renunciar a mi trabajo. Venderé todo y me mudaré a otro lugar para empezar de nuevo». Pero eso es precisamente lo que *no* necesitan, más cambios. Lo que necesitan hacer es echar las anclas y procurar la estabilidad.

ANCLA PARA EL ALMA

¿Por qué Pablo era una persona tan confiada? Porque recibía ánimo a través de tres grandes verdades, tres convicciones fundamentales de la vida cristiana, que sirven como anclas del alma. Estas tres verdades pueden mantenerle anclado sobre la roca de la estabilidad, para que cuando los vientos de la crisis soplen de un lado a otro, tenga confianza. Estas son verdades sobre las cuales puede edificar su vida, las que lo mantendrán estable en la tormenta.

La presencia de Dios

La primera ancla en la crisis es *la presencia de Dios*. En media de la tormenta, Pablo afirma: «Anoche se me apareció un ángel del Dios a quien pertenezco y a quien sirvo, y me dijo: "No tengas miedo, Pablo"» (Hechos 27.23-24). De esto aprendemos que las tormentas nunca pueden ocultar nuestros rostros del Señor. Tal vez no lo veamos, pero él nos ve a nosotros. Quizás pensemos que está a millones de kilómetros de distancia, pero nos está mirando y está con nosotros. Dios envió un representante personal, un ángel, para decide a Pablo: «Estoy contigo. Puedo verte en el tempestuoso mar Mediterráneo en aquel pequeño barco».

Dios promete en las Escrituras:

«Nunca te dejaré; jamás te abandonaré». (Hebreos 13.5).

«Estaré con ustedes siempre» (Mateo 28.20).

«Y yo le pediré al Padre, y él les dará otro consolador» (Juan 14.16).

La Biblia, una y otra vez, declara que estemos donde estemos, Dios está con nosotros. Yo nunca atravieso nada solo porque Dios siempre está conmigo. A pesar de la situación que esté atravesando en este momento, Dios está con usted. Él es el Ancla en la cual puede confiar plenamente.

El propósito de Dios

La segunda ancla en la crisis se encuentra en Hechos 27.24, donde Pablo cita al ángel de Dios: «No tengas miedo, Pablo. Tienes que comparecer ante el emperador; y Dios te ha concedido la vida de todos los que navegan contigo». Dios le había dicho a Pablo: «Tengo un plan para tu vida. Y es que vayas a Roma. Estás a bordo de este barco porque tengo un propósito para tu presencia en esta nave. Vas a predicar en la corte de César; y tengo un propósito para tu vida que es mayor que la tormenta momentánea en la que te hallas». La segunda ancla en la crisis es *el propósito de Dios*.

Cada cristiano debería tener un sentido de destino. Nadie realmente nace por casualidad, sin importar las circunstancias en torno a su nacimiento. Usted no se encuentra en este mundo para solo ocupar espacio; Dios tiene un propósito específico y un plan para su vida. Las tormentas simplemente son reveses temporales en aquel propósito. Nada en absoluto puede cambiar el máximo propósito de Dios para su vida a menos que escoja desobedecerle. Si decide rechazar su plan, él se lo permitirá, pero las Escrituras nos enseñan que ninguna otra persona puede alterar el plan de Dios para su vida. Usted puede aceptarlo o rechazarlo, pero pese a lo que suceda afuera, las fuerzas externas nunca podrán alterar el propósito divino para su vida, siempre y cuando usted diga: «Dios, quiero hacer tu voluntad».

El propósito de Dios es mayor que cualquier situación que jamás experimente. Él tiene un plan que sobrepasa cualquier problema que esté encarando en este momento. He aquí el punto: Es peligroso concentrarse más en el problema que en el propósito de su existencia. Si hace eso, se encontrará flotando a la deriva y arrojando todo por la borda. Empezará a desesperarse si mantiene su vista en el problema en vez de fijarla en el propósito de Dios para su vida. Una vez que pierda su meta, perderá de vista la razón por la que existe y quedará sin propósito.

La promesa

La tercera ancla que nos da confianza en la crisis se encuentra en el versículo 25, donde Pablo afirma: «Así que ¡ánimo, señores! Confío en Dios que sucederá tal como se me dijo». Esta ancla es *la promesa de Dios*. ¿Mantiene él sus promesas? Absolutamente. Las tormentas no pueden ocultar nuestros rostros de Dios, porque él siempre está con nosotros. Tampoco pueden alterar el propósito de Dios, porque es inalterable. Ni pueden destruir al hijo de Dios, porque su promesa es segura.

Algunos de ustedes atraviesan una crisis devastadora en este momento. Sus problemas son abrumadores, y usted piensa que va a desfallecer. Permítame decirle esto de parte de Dios: Tal vez pierda la carga; quizás pierda los aparejos; posiblemente el barco; o se moje un poco, pero usted va a vencer, gracias a la promesa de Dios. «Él lo dijo. Yo lo creo. Y punto». Así que ¿Qué va a hacer? Esté tranquilo. Tenga confianza en medio de su crisis.

ORE MIENTRAS ESPERA

¿Qué debemos hacer mientras esperamos que Dios cumpla su promesa? Lo mismo que hicieron los navegantes (Hechos 27.29). «Temiendo que fuéramos a estrellarnos contra las rocas, echaron cuatro anclas por la popa y se pusieron a rogar que amaneciera». Ánclese *usted mismo a las verdades de Dios y ruegue porque amanezca.*

¿Cuál fue el resultado? ¡Llegó la mañana! Cuando amaneció, no podían reconocer la tierra, pero

129

vieron una bahía y decidieron encallar el barco. Las doscientas setenta y seis personas saltaron por la borda para llegar a tierra (vv. 39–44).

En las tormentas de su vida, Dios dice: «Estoy contigo». Deje que la verdad de él traiga estabilidad a su vida y que le dé la confianza que usted necesita en cada crisis que enfrente. Las tormentas no pueden ocultarle de Dios. Aunque experimente momentos difíciles en estos instantes, Dios tiene un propósito para su vida. Hay una razón para todo esto, y usted va a llegar a tierra con bien.

DE LAS PALABRAS A LA ACCIÓN

1. Piense en una ocasión en la que tomó una decisión más a la par con la de los marineros que con la del apóstol Pablo.

2. ¿Cómo a experimentado esa primera ancla, la presencia de Dios, durante una crisis reciente?

CAPÍTULO 9

¿CÓMO PUEDO CAMBIAR?

¿Qué es lo que más le gustaría cambiar de sí mismo? Si pudiera modificar algo de sí mismo. Las listas de los libros más vendidos incluyen constantemente libros de autoayuda, y en el *New York Times* incluso se separan en categorías de libros de consejos de «tapa dura» y de consejos de «tapa blanda». Asistimos a seminarios, leemos libros, probamos dietas y escuchamos grabaciones.

Además, Dios quiere que cambiemos. Una vida que no esté dispuesta a cambiar es una gran tragedia, y una pérdida de vida. El cambio es una parte necesaria de una vida en crecimiento, y necesitamos cambio para mantenernos frescos y seguir progresando.

Pero de algún modo las nuevas ideas que obtenemos de esos libros o seminarios no parecen perdurar. Tal vez cambiamos por un tiempo, pero ninguna nueva idea tiene efecto permanente. La razón principal es que lidiamos con lo externo, nuestra conducta *externa*, en vez de nuestras intenciones *internas*. Cualquier cambio perdurable deberá empezar en el interior, y eso es tarea de Dios.

En la historia de Jacob podemos ver el proceso que Dios usa para ayudarnos a ser las personas bondadosas que siempre hemos anhelado ser. La situación que aparece en Génesis 32 fue un momento crucial para Jacob y nos sirve como un dramático ejemplo de cómo Dios nos puede cambiar.

Un proceso de cuatro pasos

Jacob fue un hombre algo tramposo. Aun su nombre significa «tramposo» o «maquinador». Pero una experiencia decisiva lo transformó en otra persona y llegó a ser Israel, el hombre por quien toda una nación lleva su nombre. Su experiencia fue tan transformadora que jamás volvió a ser el mismo.

En esta historia tenemos una expresión clara del proceso de cuatro pasos que Dios usa para cambiarnos en las personas que realmente queremos ser. Es un mensaje inspirador. Una que nos dice que no necesitamos seguir en la rutina: Dios nos ayudará a superar esa debilidad o esa área en nuestra vida si le damos la oportunidad. ¿Cómo le damos la oportunidad?

Génesis 32 cuenta que cuando Jacob estaba solo una noche, alguien (un ángel, según Oseas 12.4) se le apareció y luchó con él hasta el amanecer.

> Cuando ese hombre se dio cuenta de que no podía vencer a Jacob, lo tocó en la coyuntura de la cadera, y ésta se le dislocó mientras luchaban. Entonces el hombre le dijo: «¡Suéltame, que ya está por amanecer!» (Génesis 32. 25-26).

Se podría preguntar: ¿Qué tiene que ver un encuentro de lucha libre contra un ángel acontecido hace varios miles de años con cambiarme hoy? Hay varios detalles importantes que nos muestran claramente en qué forma Dios cambia a las personas. Hay cuatro pasos que él utiliza para cambiarnos en las personas que deseamos ser.

La crisis

El primer paso es la etapa de la *crisis*. Jacob tuvo un encuentro de lucha libre con un ángel, y este estaba luchando con dificultad, pero era una situación sin provecho para ambos. Al llegar el amanecer, Jacob ya se estaba cansando de luchar porque vio que no podía ganar. Era una situación superior a él.

La lección que vemos aquí es que cuando Dios nos quiere cambiar, empieza *captando nuestra atención*, poniéndonos en una situación fuera de nuestro control. No podemos ganar, y poquito a poquito empezamos a cansarnos. Dios usa las experiencias, los problemas y la crisis para captar nuestra atención. Si estamos experimentando una crisis en este momento, es porque Dios se está alistando para cambiarnos para bien. Nunca cambiamos hasta que nos hostigamos con nuestra situación actual, con el *statu quo*. Nunca cambiamos hasta que nos sentimos incómodos y descontentos y nos empezamos a sentir miserables. Cuando nos sentirnos lo suficientemente miserables, incómodos e insatisfechos, finalmente nos motivamos a dejarle a Dios que haga algo en nuestras vidas.

El águila madre suele sacudir el nido con su. Ella hace que se pongan incómodos y se sientan miserables, luego los bota y los obliga a que aprendan a volar; para su propio bien. Dios hace esto en nuestras vidas: nos hace sentir incómodos si es necesario, porque conoce lo que nos mejor conviene y desea que maduremos. Permite la crisis, el problema, la irritación o la frustración en nuestras vidas para captar nuestra atención. Y lo hace porque nos negamos a cambiar hasta que el temor al cambio es excedido por el dolor que sufrimos.

Compromiso

El segundo paso para ser cambiado por Dios es la etapa del *compromiso*. Cuando el ángel le pidió que lo soltara, Jacob replicó: «¡No te soltaré hasta que me bendigas!» (v. 26). Jacob estaba comprometido; era persistente; lidiaba con la situación hasta llegar a una solución. Se encontraba en una circunstancia que no le agradaba; era frustrante y lo estaba agobiando; pese a eso, estaba totalmente empeñado en lidiar con esta situación hasta que Dios la cambiara para bien.

Esta es la lección que podemos aprender: Después de que Dios capta nuestra atención con el problema, no lo resuelve de inmediato. Él espera a ver si realmente hablamos en serio. La mayoría de las personas pierden los planes de Dios para sus vidas porque se rinden demasiado temprano. Se desaniman. Se desalientan. Cuando Dios permite un problema en sus vidas, en vez de perseverar y decir: «Dios, no soltaré esto hasta que me bendigas; hasta que lo cambies para bien»; simplemente se desaniman y no disfrutan los planes de Dios para sus vidas.

Con frecuencia, cuando se me acercan para recibir consejería, pregunto:

—¿Ha intentado orando por esta situación? Me contestan:

—Oh, sí, sí he orado.

—¿Cuántas veces?

—Una.

Estamos tan acostumbrados a alcanzar todo de inmediato, incluido el éxito, que si no recibimos una respuesta instantánea a nuestra oración o un resultado inmediato decimos: «Olvídalo, Señor». En ocasiones alguna pareja se encuentra a punto de claudicar en su matrimonio cuando el éxito ya está en camino. Están por rendirse cuando la solución está allí mismo.

Aun cuando sinceramente deseamos cambiar, necesitamos recordar que no nos metimos en el presente lío de la noche a la mañana. Esas actitudes, acciones, hábitos, temores, flaquezas y formas de responder a nuestros cónyuges tomaron años en desarrollarse y a veces Dios tiene que quitarlas una por una. Usualmente requiere buen tiempo para que Dios las cambie.

Nos lleva tiempo acostumbrarnos a nuevas condiciones y situaciones. Los psicólogos nos dicen que seis semanas haciendo algo, a veces todos los días, es lo que se necesita para que se convierta en hábito. Por eso muchos no se meten en la Biblia con seriedad. La leemos dos o tres días, después se nos pasa semanas y volvemos a leerla unos días. Nunca superamos la barrera de seis semanas y como resultado nunca llegamos a sentirnos cómodos con ella. Necesitamos hacer esto todos los días por lo menos seis semanas hasta que empecemos a sentirnos cómodos con este nuevo y saludable hábito.

Haga lo que haga, *no se rinda*. Hay esperanza. Manténgase ahí. Comprométete a obtener lo mejor de Dios para su vida.

La confesión

El tercer paso para ser cambiado por Dios es la etapa de la *confesión*. El ángel le dijo a Jacob: «¿Cuál es tu nombre?». Él le respondió: «Jacob» (v. 27). ¿Qué objetivo tuvo la pregunta del ángel? Que Jacob reconociera su carácter al decir su nombre, el cual significa tramposo a maquinador. Jacob se acordó del dolor que había ocasionado al maquinar en contra de su hermano Esaú, de manera que cuando el ángel le preguntó: «¿Cómo es tu carácter?» admitió: «Soy tramposo. Maquinador». Admitió sus debilidades porque era sincero. Al identificarse como «Jacob», estaba reconociendo sus defectos.

Esto es un proceso importante de Dios para cambiarnos porque nunca cambiamos hasta que encaramos y reconocemos con sinceridad nuestros defectos, nuestros pecados, nuestras flaquezas y nuestros errores. Dios no empieza a reparar nuestro problema hasta que reconocemos que lo tenemos. Necesitamos decir: «Dios, estoy en un lío. Y reconozco que yo mismo me lo busqué». Entonces Dios puede empezar a obrar.

¿Se ha dado cuenta de lo fácil que es encontrar una excusa para nuestros problemas? Nos hacemos expertos en culpar a otros: «Realmente no es mi culpa, ¡¿sabe?! Es el ambiente en el que me crie; mis padres lo ocasionaron». O «La situación en que me hallo es culpa de mi jefe en el trabajo». ¿Por qué actuamos y hablamos de esta forma? Porque nos resulta difícil admitir nuestra culpa. Y podemos temer pedir ayuda.

¿Por qué debemos confesar nuestras faltas a Dios? ¿Para ponerlo al día? No. Cuando le contamos que pecamos, él no se sorprende, porque sabe el problema de antemano. Nos confesamos ante él porque Dios quiere que digamos: «Tienes toda la razón, Dios, tengo un problema. Ese es mi error o mi debilidad». Reconocer nuestros errores produce humildad y una vez que hacemos esto Dios nos provee todos sus recursos y su poder para ayudarnos a cambiar para bien. A esas alturas, podemos empezar a ser las personas que realmente siempre deseamos.

Este incidente en la vida de Jacob fue mucho más que un mero encuentro de lucha libre. Fue una ilustración de cómo Dios opera en nuestras vidas. Primero, él trae una crisis frustrante, como la pelea con el ángel, en la cual enfrentamos la situación con dificultad. Finalmente, reconocemos: «Es obvio que no voy a ganar. No puedo tomar las riendas de esta situación con mis propias fuerzas; voy a seguir fracasando». Después necesitamos persistir: «Pero voy a tratar la situación con empeño y dejar que Dios la resuelva».

Dios contesta: «No te voy a sacar de apuros de inmediato porque quiero ver si en realidad hablas en serio. Dijiste que querías cambiar, así que voy a dejar que el problema dure un poco más para ver si realmente hablabas en serio».

Si a estas alturas tiramos la toalla, en el futuro nos vamos a topar con un problema de la misma índole. Si no aprendemos la lección ahora, la tendremos que aprender más adelante, porque Dios nos la va a enseñar de una manera u otra. Nos podemos evitar muchos problemas si reaccionamos apropiadamente cuando nos llega la crisis.

Cooperación

El cuarto paso para ser cambiado por Dios es la etapa de la *cooperación*. Dios empezó a cambiar a Jacob tan pronto como admitió quién era y empezó a cooperar con el plan de Dios. Jacob llamó a aquel lugar «Penuel» que significa «rostro de Dios» (v. 30). Jacob vio a Dios cara a cara. Todos nosotros nos veremos cara a cara con Dios algún día, y cuando hagamos eso, el nos podrá cambiar. Dios le dijo a Jacob: «Ahora podemos trabajar en serio. Quiero que estés quieto. Solo coopera conmigo y confía en mí, y haré los cambios que quieres y te bendeciré». Dios no le dijo: «Jacob, intenta lo mejor que puedas y usa toda tu fuerza de voluntad para ser perfecto». Eso no da resultados. La fuerza de voluntad sencillamente no hace cambios permanentes en nuestras vidas. Aquello es atacar la circunstancia externa. Es la intención interna lo que hace los cambios permanentes, y en eso trabaja Dios.

Cuando Jacob empezó a cooperar, Dios comenzó a operar, y lo primero que este hizo fue darle un nuevo nombre, una nueva identidad. Le dijo: «Ya no te llamarás Jacob, sino Israel» (v. 28). Después de un encuentro personal con Dios no podremos seguir iguales. Dios cambió a Jacob de «tramposo» y «maquinador» a un Israel, un «Príncipe de Dios». Dios sabía el potencial de Jacob; vio más allá de la apariencia de callejero. Vio todas las debilidades de Jacob, pero observó más allá de lo exterior: «Ese realmente no eres tú, Jacob. En realidad, eres un

Israel. Eres un príncipe». Dios vio al príncipe en Jacob, y el ex tramposo empezó a convertirse en aquel hombre del cual la nación de Israel toma su nombre.

DEJE QUE DIOS LO HAGA

Dios siempre sabe cómo sacar lo mejor en su vida, y lo hace mejor que usted. Si se lo permite, hará lo que sea necesario para alcanzar ese fin, porque él no desea que usted desperdicie su vida.

¿Desea la bendición de Dios en su vida? Tome la situación que lo está agobiando en este momento y entréguesela a Dios. Diga: «Dios, te la entrego. Me voy a sostener de ti hasta que cambies esto para bien». Luego, confiésele los errores que necesita confesar y coopere con Dios.

Considere un punto importante en la vida de Jacob: «Cruzaba Jacob por el lugar llamado Penuel, cuando salió el sol. A causa de su cadera dislocada iba rengueando» (v. 31). Al luchar, el ángel le dislocó la cadera y, como resultado, Jacob rengueó por el resto de su vida. Hay una implicación importante en esto porque el músculo de la cadera es uno de los más fuertes del cuerpo. Cuando Dios necesitó captar la atención de Jacob, le dio en el punto de su fuerza.

Cuando empezamos a pensar: *En esto me destaco, esto es mi fuerte*, es posible que Dios tenga que tocar eso mismo para poder captar nuestra atención. Dios le tocó la cadera a Jacob y eso se convirtió en un recordatorio para el resto de su vida de que ya no confiara en sus propias fuerzas sino en el poder de Dios. Ya no viviría en sus propias fuerzas sino en las de Dios, y al hacer esto, se convirtió en una persona más fuerte.

No corra, quédese ahí

Hay otra lección que podemos aprender de este incidente de la vida de Jacob. Con frecuencia se metía en líos por tramposo, y a menudo segaba lo que él mismo sembraba. Sin embargo, cada vez que se metía en uno, salía huyendo de él. Simplemente, claudicaba. Así que Dios dijo: «Yo sé cómo remediar esa tendencia; le dislocaré la cadera». Jacob nunca más pudo salir huyendo de una situación difícil. Por el resto de su vida, tendría que quedarse en su lugar y encarar sus problemas, no con sus propias fuerzas sino con la fortaleza de Dios. A menudo, él pone una debilidad obvia en personas a quienes bendice, y con frecuencia esa debilidad es de origen físico. Por ejemplo, Pablo tuvo su espina clavada en el cuerpo (2 Corintios 12.7-10).

¿Y usted? ¿Cómo le gustaría ser cambiado para siempre? ¿Qué es lo que más le gustaría cambiar en su vida? Tal vez sea un hábito. O una debilidad. Quizás sea un problema de carácter. O algo que le ha causado más problemas de lo que pudiera imaginar, y ahora la situación está fuera de su control. Tal vez esté en una situación sin salida que le irrita, la amarga y le dificulta desarrollar el potencial que Dios quiere para usted.

¿Desea que Dios lo cambie? Él lo hará, pero a su manera. Usará el proceso de crisis, empeño, confesión y cooperación. Y cuando efectúe el cambio, será permanente. No tendrá que preocuparse por la fuerza de voluntad o de mantenerlo porque estará cooperando con Dios, descansando y confiando en él.

Tal vez haya estado limitando a Dios con excusas, culpando a otros o tratando de razonarlo. Es difícil quitarse la careta y decir: «Dios, tengo una debilidad. Admito que tengo un problema». Pero hasta que haga esto, las cosas seguirán iguales.

Estas son las buenas noticias: Más allá de todas esas cosas que usted sabe de sí mismo que le desagradan, Dios ve un Israel. Él ve al príncipe o princesa en su vida. Ve lo que usted puede llegar a ser. Ve su potencial, y quiere cambiarlo de un Jacob a un Israel. ¡Deje que Dios haga sus cambios!

DE LAS PALABRAS A LA ACCIÓN

1. ¿Cuál sería el aspecto de tu vida que quisiera cambiar con más urgencia?
2. Piense en cada paso del proceso de cambio y cómo podría aplicarlo a su situación actual.

Capítulo 10

¿Cómo me metí en este lío?

Sansón fue juez y gobernante de Israel por espacio de veinte años. La historia completa de la vida de Sansón se narra en Jueces capítulos 13 al 16. Comienza sorprendentemente con el anuncio de un ángel a sus padres estériles de que milagrosamente tendrían un hijo y de que se convertiría en un juez de Israel. Después de crecer se convirtió de hecho en juez de Israel por veinte años. La palabra «juez» no significaba lo que entendemos hoy día; Sansón era un líder militar y un jefe tribal. Los enemigos principales de los israelitas en ese entonces eran los filisteos.

Tenía todo a su favor. Sansón tenía fuerza sobrenatural, era buen mozo y Dios operaba en su vida, pero lo echó a perder todo. Desperdició su vida y se buscó toda clase de problemas.

Desafortunadamente, la naturaleza humana es universal y todos tendemos a caer en estas mismas trampas. Sansón hizo de su vida un desastre porque tomó tres decisiones fatales y no aprendió de sus errores. Personifica tres de las formas más comunes de buscarse problemas. Si identificamos estas tres trampas, podemos resolver los problemas en los cuales nos hallamos en estos momentos y evitarnos otros en el futuro.

APRENDA DE SUS ERRORES

En primer lugar, *nos buscamos serios problemas si rehusamos aprender de nuestros errores.* Sansón tenía dos debilidades en su vida, y jamás aprendió a tomar la rienda de ninguna de ellas. A lo largo de su vida, fue víctima de sus debilidades, las que más tarde fueron causa de su derrota. Su primera debilidad fue la ira. Con frecuencia se airaba; a menudo, estallaba. El motivo principal tras sus acciones era la venganza. Sansón mató a treinta hombres para tomar sus ropas porque la ira lo consumía (Jueces 14.12–19). Le prendió fuego a un campo de siembra para tomar venganza (15.3–5). Sansón le dijo a un grupo de hombres que le desagradaba: «Puesto que actuaron de esa manera, ¡no pararé hasta que me haya vengado de ustedes!» (v. 7). Más tarde dijo: «Simplemente les he hecho lo que ellos me hicieron a mí» (v. 11), y después mató a otros mil hombres.

Otro aspecto en el que Sansón tuvo debilidad fue el deseo carnal descontrolado. Tenía fuerza física, pero también debilidad moral. Tampoco logró superar este problema en su vida, y esto le ocasionó su derrota. De hecho, la vida de Sansón fue un triste ciclo de fracasos. Nunca aprendió la lección; volvía a cometer los mismos errores una y otra vez. Para él, era solo un juego: «¿Qué tan cerca podré llegar al fuego sin quemarme?

Sansón participó en este tipo de juego con Dalila. Ella le preguntaba cuál era la fuente de su fuerza y él se hacía el gracioso, pero cada vez se acercaba más y más. En lo que jugaba con ella, lo hacía con la tentación, y al fin de cuentas se quemó. Sin embargo, la mayoría de nosotros, tendemos a hacer lo mismo. Decimos: «Solo esta vez. ¿Qué me puede pasar con hacerlo una sola vez? Solo esta vez me voy a preocupar; solo esta vez me voy a deprimir; solo esta vez voy a intentar esto o aquello». Ninguno de nosotros nos proponemos fracasar; sencillamente se nos viene encima de manera gradual. Es un proceso gradual, en lo que nos vamos debilitando. Nuestras vidas no se nos arruinan en un solo día; el problema va desarrollándose a lo largo del tiempo en el que rehusamos aprender de nuestros errores.

Tal vez diga: «Pero éste es un aspecto de mi vida en el que no tengo control. Soy vencido en eso una y otra vez. Es un área de fracaso crónico en mi vida, y no sé cómo superarlo. Simplemente soy así».

Las buenas noticias son que Dios dice: «Yo te daré la fuerza para romper ese ciclo de fracasos». Cuando Sansón al fin hizo eso, Dios rompió ese ciclo de fracaso, le dio la fuerza para hacer lo que debía, le dio la victoria. Dios hará lo mismo por nosotros cuando nos enfrentemos a la realidad.

SELECCIONE SUS AMISTADES

El segundo principio que aprendemos de la vida de Sansón es que *nos buscamos serios problemas cuando escogemos amistades que no nos convienen.* Alguien sabiamente dijo: «Si quieres volar con las águilas, no corras con los pavos». Al fin y al cabo, uno empieza a parecerse a las personas con las que pasa la mayor parte del tiempo. Por eso es tan importante escoger las amistades con sabiduría. Sansón sufrió la derrota porque se asoció a personas malas; tenía relaciones que no eran saludables para él a pesar de contar con un propósito especial de parte de Dios. Pues aun el nacimiento de Sansón fue un milagro. Antes de ser concebido, su madre tuvo dificultad en quedar embarazada. Dios le dijo que tendría un hijo que liberaría a los israelitas de los filisteos. De modo que Sansón fue especial desde el principio, pero sus amistades lo llevaron por otra senda.

Dios tiene un propósito especial con cada uno de nosotros, pero nosotros nos buscamos problemas cuando escogemos amistades que no nos convienen. La pregunta crítica es esta: ¿Le impiden sus amistades que viva por completo para Dios? ¿Le quitan el ánimo para hacerlo o le dan aliento? ¿Se conforma a cosas que no le son de su agrado? El libro de Proverbios nos advierte, en repetidas ocasiones, con respecto a las amistades negativas. Estar expuesto constantemente a las actitudes y los valores equivocados en algún momento afectará negativamente a nuestras vidas porque es más fácil hundir a la persona que levantarla.

¿Qué clase de amistades se deben tener? La que inspire lo mejor en uno, que dé aliciente, que a uno le motive a ser una persona mejor.

TOME A DIOS EN SERIO

Hay otro principio que vemos en la vida de Sansón y es el más importante de todos porque lo vemos a lo largo de su vida: *nos buscamos problemas cuando nos negamos a tornar a Dios en serio.* Sansón no tomaba su vida espiritual con seriedad. Realmente nunca tomó a Dios en serio, y esto se hizo notable en diversas maneras.

En primer lugar, siempre se dedicaba a lo suyo. Vivía para sí mismo. Su estilo de vida era esencialmente egoísta; permitía que sus deseos personales determinaran sus acciones. Sansón se regía por esa mentalidad que afirma: «Si te sientes bien, hazlo». El plan de Dios para Sansón fue de grandeza y es el mismo para usted. Él tiene un propósito para su vida; usted no fue puesto en la tierra por accidente. Sin embargo, el rasgo sobresaliente de Sansón fue el descuido; tomaba las cosas sin apreciarlas y nunca llegó a tomar nada en serio; el resultado fue la inutilidad en la vida. Tras veinte años como juez, Sansón no había contenido a los filisteos y al final fueron ellos los que lo contuvieron.

Otra cosa que podemos ver en la vida de Sansón es que nunca oraba por nada, con excepción de la escena final, cuando desplomó la casa (Jueces 16.28-30). Era impulsivo; impetuoso. No le pedía dirección a Dios. Simplemente procedía a actuar y hacía lo que se le antojaba.

Nos evitaríamos muchos problemas y dolor si solo pausáramos un momento para pedirle a Dios dirección antes de lanzarnos de cabeza y lastimarnos. Sansón buscó a Dios solo cuando se vio en aprietos. Eso es lo que se llama «cristianismo de trinchera»: «Señor, si me libras de este problema, viviré para ti desde ahora en adelante».

Para muchos, Dios es solo un detalle de último momento, una conveniencia. Cuando las cosas se ponen apretadas, lo buscan con desesperación. Pero cuando todo anda bien, lo ignoran. Tomar a Dios en serio conlleva prestar atención a lo que dice y buscar su dirección y sabiduría cada día.

Sansón nunca tomó en serio el vivir para Dios hasta el final de su vida, después de que todo se había desmoronado: fue capturado por la nación enemiga, le sacaron los ojos y lo obligaron a trillar grano en un molino; un trabajo usualmente asignado a los animales.

Nótese lo que sucedió cuando todo finalmente se vino abajo: Sansón, por fin, oró (16.28). Me pregunto cómo habría sido su trayectoria si hubiese orado desde el inicio. ¿Por qué esperó que todo se le viniera abajo para acudir a Dios? El resultado de descuidar la oración fue que perdió todo su potencial en la vida. Perdió su credibilidad y su libertad; terminó siendo esclavo del pueblo al que fue enviado a conquistar. Sansón verdaderamente segó lo que sembró.

Dios nunca se rinde

Esta historia sería sumamente trágica si terminara allí; pero no fue así. Los filisteos le cortaron sus trenzas, las cuales eran un símbolo del pacto que hizo con el Señor. El cabello de Sansón era solo un símbolo externo; no era la *fuente* de su fuerza sino su *seña*. Cuando le cortaron su cabello, en esencia le estaban diciendo: «Sansón, te estamos cambiando por fuera lo que ya ha sido quitado de tu corazón. Tú no tomas en serio tu compromiso con el Señor».

No obstante, fíjese que «en cuanto le cortaron el cabello, le empezó a crecer de nuevo» (Jueces 16.22). El proceso de renovación se inició en ese momento. Sansón se arrepintió y empezó a orar. En lo que buscó la fuerza de Dios, el Señor le concedió su petición. Dios le devolvió su fuerza y Sansón terminó su vida con un acto inspirado de heroísmo.

Sansón fue llevado al gran templo del falso dios Dagón para que miles de sus enemigos se pudieran reír y burlar de él y su dios; el verdadero Dios de Israel. Sansón fue colocado entre dos columnas del templo y, con cada gota de fuerza que Dios le había concedido en oración, empujó hasta que el templo se vino abajo, matando a todos los presentes sin contar las tres mil personas que estaban en el techo. Dios envió a Sansón a conquistar esta nación enemiga desde un principio y ahora logró cumplir más en su muerte que en vida. Esa es una triste realidad en la vida de Sansón; pero al final, logró conquistar al enemigo. Debido a que Dios le brindó una segunda oportunidad, gozó de la mayor victoria en la etapa final de su vida.

En cierta forma, eso es una realidad que consuela. Tal vez sienta que ha arruinado su vida de una manera tan severa que Dios nunca más lo volverá a amar o a usar; pero acuérdese de Sansón. Dios nunca se rindió con él y tampoco ha renunciado a usted. Dios ve su potencial y se acuerda por qué lo creó: usted fue creado para grandes cosas. Y comprobará por qué fue creado cuando se ubique en el centro de la voluntad de Dios. Mas si hace eso; las cosas empezarán a caer en su lugar. Se sentirá realizado y tendrá éxito a los ojos de Dios cuando se dé cuenta de que está haciendo aquello para lo cual él lo diseñó.

El consuelo de la gracia de Dios

Hay algo muy alentador con respecto a Sansón: en Hebreos 11, el Salón de la Fama de la fe, se incluye a Sansón. ¿Por qué? Porque Dios puede tomar a una persona que es un fracaso total y aun así usarla. Si Dios usara solamente a las personas perfectas, no lograría nada. En vez de eso, usa a personas comunes; aquellos que tienen debilidades y fracasos en la vida.

¿Qué se puede hacer si uno es como Sansón en la vida? Precisamente lo mismo que hizo Sansón; entregarle la vida al Señor. Entréguele todas las piezas, y permítale que le diga: «Yo te daré fuerzas para desatar las ligaduras de las cosas que te tienen enredado, te causan tristeza e impiden que yo opere en tu vida». Solo Dios sabe la grandeza y el potencial que hay en su vida, pero usted nunca podrá desarrollarlo solo; él debe hacerlo a través de su fuerza. ¡Permítale que empiece hoy mismo!

DE LAS PALABRAS A LA ACCIÓN

1. ¿Con qué error de Sansón se identifica más ahora mismo?
2. ¿Cómo va a aceptar la oferta de Dios de una segunda oportunidad?

Capítulo 11

¿Cómo supero la soledad?

La soledad es uno de los sentimientos más miserables que pueda experimentar alguien. A veces uno puede sentir que nadie lo ama, que a nadie le importa que uno exista. Ni siquiera necesita estar solo para sentir soledad; uno puede sentirse solo en medio de una multitud. No es el número de personas alrededor lo que determina su soledad; es la relación de uno con ellos. En el mundo urbano donde vivimos, las personas nunca han vivido en más proximidad, sin embargo, nunca se sintieron más distanciados.

¿Se puede ser adinerado y sentir soledad? Pregúnteselo a Howard Hughes. ¿Se puede ser famoso y sentir soledad? Pregúnteselo a Michael Jackson. ¿Se puede ser bella y sentir soledad? Pregúnteselo a los artistas de cine que cometen suicidio. ¿Se puede estar casado y sentirse solo? Pregúnteselo a las personas que se casan a causa de su soledad para luego divorciarse unos años más tarde por la misma razón.

Todos experimentamos soledad una u otra vez en la vida, pero hay causas y soluciones claras detrás de ello. Unas veces nosotros mismos nos buscamos la soledad, pero otras, nos hallamos en situaciones que son inevitables y están fuera de nuestro control. En esa condición se encontraba el apóstol Pablo cuando escribió su segunda carta a Timoteo (probablemente la última que escribiera en su vida). Pablo era un anciano ya moribundo en una cárcel romana cuando le escribió a su buen amigo Timoteo y le urgió a que lo visitara porque se sentía solo.

¿Qué causa la soledad?

Hay cuatro causas básicas de la soledad.

Transición

La primera son *las transiciones de la vida*. Ella está llena de transiciones y etapas. Llegar a la adultez es una serie de cambios, y cualquier cambio puede producir soledad en la vida. Uno está solo al nacer y llora hasta que recibe una caricia. La primera escuela a la que uno asistió fue un lugar solitario. Conseguir empleo es un acto solitario. Cambiar de empleo también lo es. Jubilarse es otro acto solitario. La muerte de un ser querido es algo solitario.

Cualquier experiencia nueva que tengamos que encarar puede ser solitaria. Y si eso no fuera poco, tendemos a aislar a los que están muriendo. ¡Setenta por ciento de las personas que se encuentran en asilos de ancianos nunca recibe una visita de nadie!

Pablo ahora se encuentra en la transición final de su vida, y sabe que le queda poco tiempo; se siente solo. Y dice: «Estoy a punto de ser ofrecido como sacrificio y el tiempo de mi partida ha llegado» (2 Timoteo 4.6). En efecto, lo que está diciendo es: «Me queda poco tiempo. Lo sé. Tal vez Nerón muy pronto me haga morir como mártir. O quizás muera de vejez». En lo que Pablo pasa sus últimos días solo, dice: «He peleado la buena batalla, he terminado la carrera, me he mantenido en la fe. Por lo demás me espera la corona de justicia» (vv. 7–8).

Separación

La segunda causa básica de la soledad es la *separación*. Cuando uno está aislado; apartado de las amistades, apartado de la familia (por empleo, carrera militar o cualquier otra causa), eso puede causar soledad. El confinamiento en celdas aisladas es la forma de castigo más devastadora, porque las personas necesitan la compañía de otras personas. Necesitamos la interacción; necesitamos sentirnos aceptados.

Pablo le dice a Timoteo: «Haz todo lo posible para venir a verme cuando antes» (v. 9). Luego menciona a sus mejores amigos, pero ninguno de ellos está con él, con excepción de Lucas. Él está preso en un país extranjero y dice: «Extraño a esas personas». Estos eran los mejores amigos de Pablo, sus compañeros de viajes. Él era una persona muy sociable; le encantaba estar entre la gente y nunca se iba a ningún lugar solo. Pero ahora, al final de su vida, experimenta la soledad de la separación porque sus amigos están en otros países.

En la actualidad, uno puede usar el teléfono para llamar a cualquiera. Pero en aquel entonces, Pablo no podía «darle un timbrazo a nadie». Requería mucho tiempo el comunicarse con alguien.

Dos veces en este pasaje (vv. 9, 12) Pablo insta a Timoteo a que lo visite y después (v. 2) le dice: «Haz todo lo posible por venir antes del invierno». ¿Por qué dice eso? Él está diciendo: «Timoteo, posiblemente no esté por mucho más tiempo y de veras quiero verte. Regresa y visítame».

¿A quién necesita llamar? ¿A quién necesita escribirle una carta expresando su aprecio? Usted debe hacerlo ahora que aún hay tiempo. Ayude a alguien a aliviarse de la soledad de la separación.

Oposición

La tercera causa básica de la soledad es la *oposición*. Pablo dice: «Alejandro el herrero me ha hecho mucho daño» (v. 14). En otras palabras: «No solo estoy envejeciéndome sentado aquí solo en prisión, sino que también me atacaron». No sabemos lo que le hizo Alejandro a Pablo. Tal vez desprestigió su nombre. O atacó su reputación. Quizá estaba poniendo a la gente en contra de Pablo.

Algunas de las cosas más crueles las dicen los niños en los parques. ¿Se acuerda cuando era niño y todos se ponían en su contra? De pronto durante un receso, su popularidad se esfumaba y todos se volvían

163

contra usted: «¡Ya no eres nuestro amigo!». Usted se sintió rechazado y solo. Pasar por una experiencia así es un sentimiento solitario, sufrir el rechazo mientras los demás se divierten. También lo es el no ser comprendido, ser avergonzado, ser humillado. La inclinación de uno es meterse en una cueva y sellar la entrada. Pero hacer eso solo le trae a uno más soledad.

Rechazo

La cuarta causa básica de la soledad es la más grave, la que nos ocasiona el mayor dolor. Es la soledad del *rechazo*. Es cuando uno se siente traicionado, desamparado, abandonado en su momento de necesidad por los más allegados.

Pablo se sintió así; abandonado. Con respecto a su comparecencia ante Nerón: «En mi primera defensa, nadie me respaldó, sino que todos me abandonaron» (v. 16). Uno casi puede escuchar el dolor en la voz de Pablo: «Cuando la situación se agitó, todos me abandonaron. Cuando el juicio se puso más grave, no hubo nadie allí». Nadie habló en su defensa; todos se hicieron los desentendidos.

El rechazo es una de las cosas más difíciles de sobrellevar para el ser humano. Por esta razón el divorcio es tan doloroso, y por eso Dios abomina el adulterio: es traición y lastima las vidas de otros. Es una infidelidad, un abandono, un desamparo y una experiencia muy dolorosa. Dios dice que todo ser humano tiene la necesidad emocional de aceptación y cuando se viola se comete un pecado grave.

Lidie con la soledad

Hay buenas formas de lidiar con la soledad y las hay también contraproducentes. Una de estas últimas es convertirse en un adicto al trabajo. Uno pasa todo el tiempo trabajando, trabajando, trabajando. Se levanta por la mañana, trabaja todo el día hasta que se desploma agotado en la cama en la noche. Al fin, sin embargo, eso le va gastando físicamente al igual que en lo emocional.

Algunas personas prueban con el materialismo: compran todo lo que esté a su alcance. «Si puedo rodearme de cosas, seré feliz». Pero las cosas no satisfacen. Si alguien le pusiera en una isla y le dijera: «Puede pedir lo que quiera menos contacto humano»; ¿Por cuánto tiempo estaría feliz? No por mucho porque las cosas no satisfacen. Uno no puede comprar la felicidad. La forma de castigo más devastadora es el confinamiento solitario porque las personas necesitan a otras personas. Necesitamos socializar. Necesitamos aceptación y amor.

Unos tienen encuentros extramaritales; buscan compañía fuera de su matrimonio. Otros recurren al alcohol o a las drogas. Los hay también que no hacen nada; se quedan sentados y se echan en brazos del dolor.

Pero Pablo hizo cuatro cosas para combatir su soledad, y son tan adecuadas para nosotros hoy como para Pablo en su tiempo. Estas cuatro cosas son los siguientes conceptos: *utilizar*, *reducir*, *reconocer* e *identificarse*.

Utilizar

La primera manera de combatir su soledad es *utilizar su tiempo sabiamente*. En otras palabras, sáquele lo mejor a su mala situación. Resista la tentación de quedarse sin hacer algo. La soledad tiende a paralizarlo si se queda sentado sin hacer nada. Resístala; piense en una manera creativa para sacarle provecho a la carencia de cosas que le distraigan.

Si la vida le da limones, aprenda a hacer limonada. Lo que pueda hacer para combatir la soledad, hágalo. Esto fue lo que hizo Pablo: «A Tíquico le envié a Éfeso» (2 Timoteo 4.12), y: «cuando vengas, trae la capa que dejé en Troas, en casa de Carpo; trae también los libros, especialmente los pergaminos» (v. 13). Pablo se negó a quedarse sentado lamentándose. No dijo: «¡Pobre de mí, pobre de mí!». No se quejó: «¿Dios, esto es lo que recibo a cambio de treinta años de ministerio? ¿Esta es mi recompensa después de haber levantado un sinnúmero de iglesias y ser la persona más responsable por el avance de la fe cristiana en el mundo romano? ¿Esto es lo que saco, morir en un calabozo húmedo en Roma?».

¡Nada de autocompasión para Pablo! En lugar de eso, dijo: «Si voy a estar solo, por lo menos me aseguro de estar cómodo. Voy a sacarle provecho a una situación mala. Trae mi capa para que al menos pueda abrigarme».

Con frecuencia, las personas solitarias se descuidan a sí mismas. No comen bien, no hacen ejercicio y desatienden sus necesidades personales. Pero Pablo dijo: «Trae mi abrigo y mis libros, voy a aprovechar estos momentos sin interrupciones para escribir y

167

estudiar». Un cambio muy grande para él que fue un activista, fundador de iglesias. Por encima de cualquier cosa, Pablo deseaba estar en el coliseo predicando que en un calabozo estudiando. No obstante Dios, en ocasiones, puede usar la soledad con fines buenos. Si Pablo hubiese estado en el coliseo, habría predicado, pero Dios lo dejó en cárcel y así obtuvimos parte del Nuevo Testamento.

Es posible que la única forma en que Dios podía mantener a Pablo quieto era encarcelándolo. Y la respuesta de Pablo fue: «Si no puedo estar donde hay movimiento, voy a crearlo aquí».

Reduzca

La segunda manera de lidiar con la soledad es *reducir el dolor*. No le preste demasiada atención a la soledad. No exagere ni ensaye una y otra vez: «Me siento tan solo, tan solo». No permita que la soledad le produzca amargura ni que el resentimiento se acumule en su vida. Pablo dijo: «Nadie me respaldó [...] no les sea tomado en cuenta» (v. 16).

El apóstol tenía mucho tiempo a su disposición, pero no para guardar resentimiento. Sabía que el resentimiento solo lo hace a uno sentirse más solitario y levanta un muro alrededor. La soledad nos encierra en un calabozo personal y nos aleja de los demás, porque a nadie le gusta estar en compañía de un cínico, alguien que siempre está amargado y quejándose. Pablo dijo: «Quiero mejorarme, no amargarme, así que utilizaré mi tiempo y reduciré mi dolor».

Reconozca

La tercera manera de lidiar con la soledad es *reconocer la presencia de Dios*. Pablo dijo: «Pero el Señor estuvo a mi lado y me dio fuerzas» (v. 17). ¿Dónde está Dios cuando uno se siente solo? Justo al lado. Jesús dijo: «No los voy a dejar huérfanos» (Juan 14.18); «No los dejaré sin consuelo». Dios dijo: «Nunca te dejaré; jamás te abandonaré» (Hebreos 13.5).

No hay un lugar donde Dios no esté. Él está en todas partes todo el tiempo y usted puede dialogar con él constantemente. Mientras reconozca esto, nunca estará realmente solo. Hable con Dios y deje que le hable. David aprendió que la comunión con él es un antídoto poderoso contra la soledad. Por eso clamaba: «Dios, estoy tan solo. El rey Saúl me persigue y estoy solo en una cueva. Pero luego pienso en ti. ¿Adónde podría huir de tu presencia? Si subiera al cielo, allí estás tú. En cualquier parte de la tierra, allí estás tú. No puedo huir de ti» (Salmos 139). David aprendió que la soledad es una señal de que es hora de que conozcamos a Dios un poco mejor.

La cantante Amy Grant tiene una canción maravillosa. Dice: «Me encantan los días solitarios, pues me dan la oportunidad de enfocarme en Dios». Entonces ¿qué se debe hacer? Haga lo que hizo Pablo. No se amargue; no ceda a la tentación de quedarse con los brazos cruzados. Utilice su tiempo. Haga que su tiempo se rentable.

Identifíquese

La cuarta manera de lidiar con la soledad es *identificarse con las necesidades de los demás*. En vez de concentrarse en uno mismo, enfóquese en otras personas. En vez de contemplarse a sí mismo, contemple a otros. Empiece ayudando a otras personas solitarias. Eso fue lo que hizo Pablo. Su mayor meta en la vida fue un ministerio de alcance hacia fuera; sirviendo a otros sin ser el centro de atención. Tal como lo dijo: «El Señor estuvo a mi lado y me dio fuerzas para que por medio de mí se llevara a cabo la predicación del mensaje y lo oyeran todos los paganos» (2 Timoteo 4.17). Pablo estaba solo al final de su vida y aun así nunca se olvidó de su meta: ayudar a otros.

Cuando Corrie ten Boom era joven, se enamoró de un chico; lo amaba de pie a cabeza. Sin embargo, él terminó la relación y se casó con una de sus mejores amigas. Quedó devastada. No hay nada que duela más que el rechazo, que alguien escoja a otra persona por encima de uno. Cuando llegó a casa, su papá le dijo algo muy sabio: «Corrie, tu amor ha sido bloqueado y él se casó con otra persona. Ahora, hay dos cosas que se pueden hacer con el amor bloqueado. Se puede represar en un dique hasta que te consuma; o se puede reorientar hacia algo o alguien, y enfocarse en las necesidades de otros. Uno puede vivir una vida de amor, supliendo las necesidades de otros». Ella escogió hacer eso, como se puede leer en su libro cautivador *The Hiding Place.*

Es como la pareja que desesperadamente quieren hijos, pero no pueden tenerlos. ¿Qué pueden hacer con el amor que les brindarían a esos hijos? Pueden represarlo o reorientarlo. Hay muchos niños en el mundo que necesitan amor. Se pueden concentrar en las necesidades de otros.

Necesitamos dejar de construir muros propios y empezar a construir puentes. Necesitamos dejar de quejarnos: «Dios, me siento solo», y empezar a decir: «Dios, ayúdame a ser amigo de alguien hoy. Ayúdame a construir un puente en vez de un muro».

El amor es el antídoto para la soledad. En vez de esperar ser amados, necesitamos amar y entonces ese amor nos será correspondido con abundancia.

LLENE EL VACÍO

¿Qué tiene que decir Dios con respecto a su soledad? Lo primero que dice es: «Entiendo. De veras, entiendo». El Hijo de Dios conoce la soledad. En la hora más oscura de Jesús, justo antes de ser crucificado, en el jardín de Getsemaní, todos sus amigos se durmieron. Cuando los soldados se lo llevaron preso para presentarlo ante el consejo, todos sus discípulos huyeron. Cuando Jesús llevó todas las iniquidades del mundo sobre su cuerpo en la cruz, gritó a voz en cuello: «Dios mío, Dios mío, ¿por qué me has desamparado?» (Marcos 15.34).

Sí, Jesús entiende la soledad. Por eso le dice: «Entiendo cómo te sientes. Yo cuido de ti y quiero ayudarte». ¡Permítale que le ayude a vencer su soledad en lo que lo busca en oración y alcanza con amor a las personas solitarias que le rodean!

De las palabras a la acción

1. Piense en una situación en la que sintió soledad y cómo la resolvió.
2. Piense en una persona de su iglesia, vecindario o lugar de trabajo que sepa que se siente sola, y considere formas específicas de ayudarla a disipar la soledad.

Capítulo 12

¿POR QUÉ ME SUCEDE ESTO?

¿Cómo debemos responder cuando otras personas nos causan problemas? ¿Cuándo la familia nos rechaza? ¿Cuándo una buena amistad nos decepciona? José del Antiguo Testamento es un ejemplo clásico del sufrimiento provocado por otros, y su historia se cuenta en Génesis 37-50.

Si bien recuerda, José fue el segundo más joven de doce hermanos. Había mucha rivalidad entre hermanos en la familia y los mayores empezaron a envidiar a José por causa del favoritismo de su padre hacia él. Cuando se intensificaron las cosas, los hermanos lo echaron en una cisterna y lo abandonaron para que se muriera. Más unos mercantes viajeros pasaban por aquel lugar y los hermanos dijeron: «En vez de eliminarlo, vendámoslo». Así que los hermanos mayores de José lo vendieron a unos mercaderes extranjeros que se lo llevaron a Egipto como esclavo.

De manera que ahora José está en un país extranjero. No conoce a nadie, inicialmente no sabe hablar el idioma, y es esclavo en contra de su voluntad. Y como si eso fuera poco, la esposa de su amo decide seducirlo un día. Después de José negarse, ella lo acusa falsamente de violarla y se lo llevan preso. Él está solo y adolorido, y tiene todo el derecho de preguntar: «¿Por qué yo?».

Sin embargo, fíjese en la actitud de José, muchos años más tarde, al hablar de la situación con sus hermanos: «Ustedes pensaron hacerme mal, pero Dios transformó ese mal en bien para lograr lo que hoy estamos viendo: salvar la vida de mucha gente» (Génesis 50.20). En otras palabras: «Ustedes procuraron hacerme daño, pero Dios le dio vuelta al asunto y lo usó para bien en mi vida y en sus vidas y en las de otras personas».

Aprenda de José

¿Cómo logró José perseverar? Debido a tres verdades importantes que reconoció en su vida. Estas tres verdades le ayudaron a perseverar en situaciones trágicas y a superar la adversidad.

Primero, sabía que *Dios ve todo lo que padecemos y se interesa por nosotros*. Esto es muy evidente en la vida de José. Él nunca dudó de que Dios viera lo que padecía y que se interesaba por él. Hay una frase muy importante que se halla cinco veces en la vida de José, cada uno después de una crisis mayor o alguna derrota: «El Señor estaba con José». Aun cuando todo le fuera mal, el Señor estaba con él.

Lo segundo que José reconoció fue que *Dios le dio a todos libre albedrío*. Usted no es un títere o un robot que eleva oraciones a Dios, él les dio a todos libre albedrío y cuando optamos por ignorar lo que es recto, Dios no impone su voluntad sobre nosotros. Con frecuencia, cuando nos buscamos un problema, culpamos a Dios como si fuera *su* culpa. A él se le culpa de muchas cosas que nunca causó. Cuando vemos un accidente grave, una tragedia, un problema o crisis, tratamos de aparentar ser muy espirituales diciendo: «Debe ser la voluntad de Dios»; ¡como si él se complaciera en planear errores y tristeza!

El hecho es que la voluntad de Dios *no* se cumple siempre. Él tiene una voluntad para cada uno de nosotros, pero también nos ha dado libre albedrío. Cuando decidimos tomar nuestro propio rumbo, él se limita; nos otorga la libertad de escoger mal y traer problemas a nuestras vidas. También les concede a los demás el libre albedrío y a consecuencia de sus errores nosotros podemos salir lastimados. En la situación de José, sus hermanos deliberadamente escogieron conspirar en su contra. Esto fue un pecado, pero Dios lo permitió porque no crea títeres.

Lo tercero fue que José reconoció que *Dios tiene el control absoluto del desenlace final.* Él puede tomar nuestros errores y todos los pecados que otros cometen en nuestra contra, darle un giro completo y sacar algo bueno de ello. A pesar de que perdamos batallas una que otra vez, Dios ya ganó la guerra. Él toma aun lo más terrible y le da un giro completo. Nosotros pensamos que todo se nos viene abajo; pero Dios tiene la última palabra. Él decide lo que va a suceder.

Considere a José. Por poco lo matan, fue vendido como esclavo, acusado de violación y puesto en prisión. Hasta aquel momento, su vida iba de mal en peor. Pero Dios tomó esas tragedias, las volteó y les sacó mucho bien. Estando preso, José entabló una amistad con la mano derecha del Faraón, y cuando este hombre fue instaurado al poder otra vez y el faraón tuvo un sueño, recordó que José podía interpretar sueños. Así fue que lo invitaron al palacio del Faraón; y le dio la interpretación del sueño: «Faraón, Dios te está avisando que habrá siete años de abundancia y después siete años de hambre, así que necesitas prepararte para eso».

El faraón quedó tan impresionado que lo hizo segundo en mando sobre todo Egipto. José pasó de ser esclavo extranjero en una cárcel al segundo líder más importante de Egipto, y de paso salvó a Egipto, además de otras naciones incluyendo a Israel, del hambre.

Dios ve lo que está sucediendo, pero él nos da libre albedrío, y no atenta en contra de nuestra voluntad. Él se limita. Pero usa aun nuestras malas decisiones y los reveses para voltearlas y sacar algo bueno de ello al final; si se lo permitimos. Por eso José pudo decir, al terminar su vida: «Ustedes procuraron hacerme daño, pero Dios le dio vuelta y lo usó para bien». La única forma en que Dios podía sacar algo bueno era con la perseverancia de José, aun cuando no lo entendiera.

TRATE CON LA ADVERSIDAD

Quizás esté atravesando una prueba en este momento. O tal vez sea inocente. Es posible que sea víctima de una situación que no ocasionó. Bueno, considere la reacción de José. Lo primero que no hizo fue caer en autocompasión. Si se encuentra en una dificultad o en una prueba, no puede darle lugar a la autocompasión. Ella es una de las causas principales de la depresión. A menudo, cuando nos encontramos en serios problemas, y nuestra autoestima está a niveles bajos, empezamos a culparnos a nosotros mismos, y terminamos sintiendo lástima por nosotros mismo.

José no hizo eso; él no se culpó. La crisis en la que se encontraba no era culpa suya, de manera que consideró la situación de una manera realista. Cuando un barco se encuentra en una tormenta, la forma de sobrevivir es dirigiéndose en dirección del viento. Si uno permite que el barco se desvíe a un lado, el viento lo puede volcar. Cuando llega la tormenta a nuestras vidas, la mejor manera de tratar con ella es encararla de frente, como hizo José.

Si está en un periodo de desánimo por encontrarse en medio de una prueba, y se está preguntando:

«¿Por qué me sucede esto?»; considere lo siguiente: *Nunca tome una decisión importante cuando esté deprimido*. Con frecuencia, cuando estamos desanimados, tenemos la tendencia a decir: «Mejor renuncio», «Mejor cambio de lugar», «Mejor busco otro empleo», «Mejor me divorcio». Nunca tome una decisión importante si está deprimido porque en ese momento no puede evaluar las cosas con acierto. Su vista se encuentra borrosa y su perspectiva distorsionada. En lugar de eso, encare la tormenta de frente y no caiga en la autocompasión.

Hay otra cosa que vemos en la vida de José cuando todo le iba mal: no se entregó a la amargura. Después de muchos años, José se encontró con sus hermanos porque ellos se dirigían a Egipto en busca de alimento. Al entrar a la presencia de José, inclinándose ante el segundo en mando sobre Egipto, no se dieron cuenta de que era el hermano menor.

Cuando procuró contarles quién era, ellos se asombraron y se asustaron. Este era el hermano menor al cual, años antes, trataron de matar, y ahora estaban inclinándose ante él. Pero José los perdonó. Él sabía que uno *no puede vivir con la carga pesada de la amargura*.

¿Qué se debe hacer cuando nos tienta la amargura? *Entregársela a Dios*. Eso fue lo que hizo José: él mantuvo su fe y su esperanza en Dios; creyó que las cosas iban a resultar a su favor al final, así que perseveró con su vida espiritual.

Cuando las cosas andan mal, a menudo rechazamos a la persona que más nos hace falta, al Señor. Cuando el problema llega a la vida de uno, es probable que uno empiece a decir: «Dios, ¿por qué permitiste que esto sucediera?». Quizá uno se rebela en contra de Dios como si fuera culpa suya. Más bien, uno debería decir: «Señor, toma esta dificultad». Dios puede tomar situaciones sumamente malas y darles un giro completo. Aunque las personas usen situaciones para destruirle, Dios puede usarlas para edificarle. A él, le encanta cambiar la crucifixión por resurrección.

FORTALECERSE EN UNA CRISIS

La Biblia no solo nos da respuestas a las razones del sufrimiento, pero también nos da ayuda práctica y consuelo cuando experimentamos sufrimiento. Si aplicamos las siguientes fuentes de fortaleza a nuestras vidas, no habrá situación que nos pueda devastar, ni crisis que pueda derribarnos permanentemente.

El plan de Dios

La primera fuente de fortaleza que vemos en la vida de José *es el plan de Dios*: «Sabemos que Dios dispone todas las cosas para el bien de quienes lo aman, los que han sido llamados de acuerdo con su propósito» (Romanos 8.28). Este versículo nos dice que todo es bueno; hay mucha maldad en este mundo, y la voluntad de Dios no siempre se cumple. Pero la palabra dice que, en la vida del cristiano, Dios hace que todas las cosas, aun las malas, obren para bien.

Dios no le ha rechazado; él tiene cuidado de sus intereses. Él tomará la situación que esté atravesando, aun la más terrible y la usará para que tenga un buen propósito en su vida. A la larga, hará florecer mayor gloria. Dios es mayor que cualquier problema al que usted se enfrente. Por supuesto, es difícil ver cómo Dios obra en una situación mala cuando uno está en el medio. Sin embargo, más tarde, al considerar lo acontecido, su perspectiva es mejor y usted puede ver lo que Dios estaba haciendo y la manera en que usó aquella situación de una forma más importante y con mayor propósito para su vida.

Cuando uno entiende esta verdad, puede recordar esa vivencia y decirles a los que le hicieron pasar un momento difícil: «Ustedes procuraron hacerme daño, pero Dios le dio vuelta al asunto y lo usó para bien en mi vida. Ustedes procuraron destruirme, pero Dios usó eso para edificarme. Ustedes procuraron derribarme, pero Dios me hizo más fuerte y más maduro». Pese a lo que suceda, aunque pierda alguna batalla, Dios ya ganó esta guerra y el desenlace está en sus manos. Él puede darles un giro a los fracasos y hacer que obren para bien, si usted se lo permite.

Las promesas de Dios

Hay una segunda fuente de fortaleza cuando experimentamos crisis: *las promesas de Dios.* Hay más de siete mil promesas de Dios en la Biblia, y necesitamos empezar a reclamarlas. Son como cheques en blanco; y necesitamos usarlos.

Le recomiendo que escoja unos versículos, anótelos en tarjetas con índice, llévelos en sus bolsillos y grábeselos. Un individuo se dedicó a escribir versículos en tarjetas que luego colocaba en el visor de su auto. Cada vez que se detenía en un semáforo, bajaba el visor, leía el versículo y cuando la luz cambiaba, volvía a subir el visor. Se ha memorizado cientos de versículos en sus momentos libres parando en los semáforos sin tener que buscar más tiempo. Quizá usted pueda poner unos en el espejo de su baño. Las promesas de Dios nos dan esperanza, fortaleza y consuelo.

La Biblia dice que fue escrita para darnos ánimo y esperanza (Romanos 15.4). Lo que necesitamos hacer es leer las promesas de Dios, memorizarlas y reclamarlas en fe.

El pueblo de Dios

Hay una tercera fuente de fortaleza que nos debe ayudar cuando atravesamos una crisis: *el pueblo de Dios.* Cada iglesia debe ser una comunidad compasiva de personas que se aman, se apoyan, que oran unos por otros, que se ríen juntos, lloran juntos, y llevan sus cargas juntos. Nos necesitamos los unos a otros; Dios tuvo como intención que la iglesia fuera un sistema de apoyo firme en la cual nos animemos y nos ayudemos.

Sin embargo, no podemos ser un sistema de apoyo si no nos conocemos. Necesitamos unirnos a un grupo de estudio bíblico en la iglesia. Necesitamos encontrar un grupo pequeño de personas que se puedan encontrar regularmente, compartir nuestras vidas con ellos y orar juntos. En lo que llevamos esto a cabo, descubriremos que hay otras personas que tienen los mismos problemas que nosotros; gente que nos pueda dar aliciente. Deben ser personas que hayan tenido los mismos problemas o similares a los nuestros y que ahora se encuentran del otro lado; personas que atravesaron el túnel y ahora pueden alcanzarnos y ayudarnos a cruzarlo también.

La Biblia dice que Dios, con frecuencia, nos permite pasar graves problemas y pruebas intensas, y que luego nos consuela para que un día podamos darles consuelo a otros que están viviendo las mismas situaciones (2 Corintios 1.3– 4). Dios nos usa de esa manera; usualmente trabaja en la vida de la persona a través de otras personas.

La presencia de Cristo

Hay una cuarta fuente de fortaleza en la crisis y es la más importante de todas: *la presencia de Dios en Jesucristo*. La Biblia dice que él es el Hijo de Dios, que está vivo y que uno puede tener una relación personal con él. Hay literalmente millones de personas que son prueba de ello. Su presencia nos puede ayudar en cualquier situación.

José, en el Antiguo Testamento, fue un ejemplo de lo que Jesucristo hizo en el Nuevo Testamento: El

Señor sufrió sin culpa para beneficio de otras personas. José sufrió para que, a la larga, cuando llegara el hambre al Medio Oriente, sus normas con respecto al almacenaje de alimento pudieran salvar a miles de personas de la muerte por inanición. A pesar de ser perfecto y sin culpa, murió sobre la cruz para salvarnos de las terribles consecuencias del pecado.

Dios nos dio libre albedrío, de manera que no puede imponer su voluntad sobre nosotros sin convertirnos en títeres o robots. Vivimos en un mundo donde la gente peca y lastima a los demás. Pero cuando le entregamos nuestras vidas a Cristo y confiamos en él, nos ayuda a superar cada situación y nos da la habilidad para ver cómo va a resolverla al final. La cruz es el máximo ejemplo de personas procurando hacer el mal mientras Dios hace que todo obre para bien y para bendición de la humanidad.

Tal vez usted haya sido lastimado por algún familiar, como José: quizá un hermano, una hermana, un padre, un cónyuge, un novio, una novia. Si es así, haga lo que hizo José: *No se entregue a la autocompasión o a la amargura. En vez de eso, tome todos los escombros y entrégueselos a Jesucristo.* Deje que él saque algo nuevo, refrescante y bello de esa situación fea.

Quizá piense: *No es justo. No merezco esto.* O tal vez tenga un amigo y usted se dice a sí mismo: *No es justo lo que le ha sucedido.*

Como respuesta, le digo: «Tiene razón. Suceden muchas cosas injustas en este mundo». Y por eso, un día, al final de los tiempos, Dios va a exigir cuentas. Habrá un día de juicio, cuando todo el dolor que el inocente ha sufrido será remediado y justificado. Dios va a pedir cuentas al final de los tiempos. Por ahora, sin embargo, nuestra responsabilidad es perseverar y ver lo que él pueda hacer en nuestras vidas para edificarnos en vez de permitir que las cosas injustas nos devasten.

Así que le urjo, si se encuentra en una situación en la que esté inclinándose a preguntar: «¿Por qué me sucede esto?», acuérdese que tiene libre albedrío, que Dios le dio a los demás el libre albedrío, y que él lo ve todo; que el mal le hace daño a él; pero se ha limitado para permitir a otros la libertad de escoger. Así que busque el plan de Dios y vea que le da un giro a la situación aún más fea, y lo usa para bien si usted se lo permite. Vuélvase al plan de Dios. Vuélvase a las promesas de Dios. Confíe en ellas. Vuélvase al pueblo de Dios. Únase a una iglesia cariñosa donde sus necesidades sean satisfechas y donde pueda ser usado para satisfacer las de otros.

Pero lo más importante es que vuelva a la presencia de Cristo y la permita en su vida. De lo peor, Dios puede sacar lo mejor. Ese es el mensaje de esta historia. Dios puede sacar lo mejor. Muchos cristianos pueden recordar sus vivencias y decir: «¡Verdad que sí! Todo en mi vida se había desmoronado y entonces entregué mi vida a Cristo y él empezó a poner todo en orden de nuevo». Darle la vida a Jesucristo no solo significa que él lo rescatará de la tormenta, sino que le dará el valor y la fortaleza para resistirlo. No todas las cosas obran para bien en la vida de todos en este mundo. Solo obrarán para bien si le damos a Dios los escombros y le entregamos nuestras vidas y entonces él hace que las cosas obren para bien. De otra manera, si se niega a hacer esto, él no hará que nada obre para su bien.

Así que uno necesita creer en Cristo, tiene que ser cristiano, eso que la Biblia llama «nacer de nuevo». ¿Qué significa eso? Dos cosas; dos palabras sencillas. Una es *arrepentirse* y la otra es *creer*. ¿Qué significa arrepentirse? Simplemente cambiar. Cambiar la manera de ver a Dios y su pecado. Esto lo lleva a dejar las tinieblas y volverse a la luz, dejar la culpa y volverse al perdón, dejar el egoísmo y volverse a Dios. Y entonces, uno debe creer. Usted debe creer que el Hijo de Dios puede perdonar su pecado, que puede hacer de su vida algo mejor, y que quiere obrar en su vida; que tiene un plan para usted y que puede tomar todos los enredos, las malas situaciones, aun sus irritaciones, voltearlas y usarlas para bien en su vida si usted se lo permite. Entonces podrá decir, al recordar sus vivencias: «Ellos procuraron hacerme daño, cuando arremetían contra mí, pero Dios hizo que todo obrara para bien. Dios usó todo lo malo en mi vida. Lo usó para darme forma y hacerme una persona mejor, y estoy agradecido por ello».

DE LAS PALABRAS A LA ACCIÓN

1. Describa un incidente en su vida que, a pesar de las circunstancias trágicas, resultó en algo positivo, para usted o para otras personas.

2. Ponga ejemplos de cómo las fuentes de fortaleza divina se han demostrado en su vida.